Roman Firnkranz

W0035369

Meine
GRÜNEN
SMOOTHIES

Mit mehr Energie und
Wohlbefinden durch
den Alltag

riva

Bibliografische Information der Deutschen Nationalbibliothek:
Die Deutsche Nationalbibliothek verzeichnet diese Publikation in der Deutschen Nationalbibliografie;
detaillierte bibliografische Daten sind im Internet über http://d-nb.de abrufbar.

Für Fragen und Anregungen:
info@rivaverlag.de

Wichtiger Hinweis
Sämtliche Inhalte dieses Buches wurden – auf Basis von Quellen, die der Autor und der Verlag für vertrau-
enswürdig erachten – nach bestem Wissen und Gewissen recherchiert und sorgfältig geprüft. Trotzdem stellt
dieses Buch keinen Ersatz für eine individuelle medizinische Beratung dar. Wenn Sie medizinischen Rat
einholen wollen, konsultieren Sie bitte einen qualifizierten Arzt. Der Verlag und der Autor haften für keine
nachteiligen Auswirkungen, die in einem direkten oder indirekten Zusammenhang mit den Informationen
stehen, die in diesem Buch enthalten sind.

Originalausgabe
3. Auflage 2018

© 2016 by riva Verlag, ein Imprint der Münchner Verlagsgruppe GmbH
Nymphenburger Straße 86
D-80636 München
Tel.: 089 651285-0
Fax: 089 652096

Alle Rechte, insbesondere das Recht der Vervielfältigung und Verbreitung sowie der Übersetzung, vorbehal-
ten. Kein Teil des Werkes darf in irgendeiner Form (durch Fotokopie, Mikrofilm oder ein anderes Verfahren)
ohne schriftliche Genehmigung des Verlages reproduziert oder unter Verwendung elektronischer Systeme
gespeichert, verarbeitet, vervielfältigt oder verbreitet werden.

Redaktion: Silvia Schaub, München
Umschlaggestaltung: Isabella Dorsch, München
Umschlagabbildung: © Foodtastic / Eva Fischer; Spinat: Anna_Pustynnikova/Shutterstock.com;
Papierkreis: Flas100/Shutterstock.com; Schrift: Galina Nikolaeva/Shutterstock.com;
Hintergrund: Elena Veselova/Shutterstock.com; Mango: Andrey Starostin/Shutterstock.com
Satz: EDV-Fotosatz Huber/Verlagsservice G. Pfeifer, Germering
Druck: Florjancic Tisk d.o.o., Slowenien
Printed in the EU

ISBN Print 978-3-86883-804-6
ISBN E-Book (PDF) 978-3-95971-084-8
ISBN E-Book (EPUB, Mobil) 978-3-95971-085-5

Weitere Informationen zum Verlag finden Sie unter:

www.rivaverlag.de

Beachten Sie auch unsere weiteren Verlage unter: www.m-vg.de

Inhaltsverzeichnis

Vorwort

Am 1.1.2013 habe ich im Zuge meiner Ausbildung zum Ernährungstrainer eine 30-Tage-grüne-Smoothies-Challenge gestartet. Ich wollte den Effekt der grünen Smoothies am eigenen Leib testen und habe den Fortschritt täglich auf meiner Website festgehalten. Seitdem hat sich mein Ernährungsverhalten komplett verändert.

Damals folgte ich noch einer sehr strikten veganen Ernährungsweise, wobei nicht die vegane Ernährungsweise das Problem war, sondern der zu geringe Anteil an Frischkost, die zu kopflastige Ernährung und der soziale Druck.

Durch das Zubereiten von grünen Smoothies erhöhte sich der Anteil an Frischkost in meinem täglichen Speiseplan und mein Energielevel stieg in bisher ungeahnte Höhen. Außerdem lernte ich wieder das zu essen, was mir wirklich schmeckt. Der Genuss rückte in den Vordergrund, meine Einstellung zur Ernährung ist heute so locker wie noch nie zuvor.

In den folgenden Monaten teilte ich immer mehr Tipps und Rezepte auf der Facebook-Seite *Grüne Smoothies & Säfte*, welche mittlerweile rasant auf über 90 000 Fans (Stand Februar 2016) anwuchs. Ich denke, das liegt größtenteils daran, dass ich meine Erfahrungen auf authentische und hilfreiche Art und Weise teile.

So startete ich dann auch 30-Tage-Challenges für alle, die am Thema »Grüne Smoothies« interessiert waren. In der Summe haben bisher über 44 000 Menschen daran teilgenommen. Durch die vielen Fragen und die über 1900 beantworteten E-Mails (Stand September 2015) durfte ich extrem viel lernen und weiß deshalb genau, wo die Herausforderungen liegen. Das Feedback im Zuge der 30-Tage-Challenge im Februar 2015 bestätigte meine eigenen Erfahrungen.

Folgendes haben die Teilnehmer immer wieder bei sich beobachtet:

- Sie haben bis zu 4 Kilogramm abgenommen.
- Sie haben eine schönere, reine Haut bekommen.
- Sie gehen mit mehr Energie durch den Tag.
- Die Lust auf Süßes und Kaffee hat nachgelassen.
- Die Verdauung hat sich verbessert.
- Sie verspüren ein besseres Körpergefühl und mehr Wohlbefinden.
- Es geht ihnen gesundheitlich besser.

Für mich war daher belegt, dass an den grünen Smoothies irgendetwas dran ist. Während der Challenge kamen häufig die gleichen Fragen auf, sodass ich anfing die Antworten niederzuschreiben. Daraus ist dieses Buch entstanden, das in den kommenden 30 Tagen Ihr neuer bester Freund werden soll.

Es ist für Einsteiger geschrieben, die sich intensiv mit grünen Smoothies auseinandersetzen wollen. Es besticht vor allem durch die vielen praktischen Tipps, die Sie sonst nur vereinzelt in anderen Büchern finden, sowie durch eine 30-Tage-Challenge, die Ihnen hilft, grüne Smoothies erfolgreich in Ihren Alltag zu integrieren.

Sie lernen dabei, ...

- die Zusammenhänge und Konzepte rund um die grünen Smoothies zu verstehen,
- Einsteigerfehler zu vermeiden,
- den für Sie passenden Mixer auszuwählen,
- die richtigen Zutaten zu verwenden,
- frische und hochwertige Zutaten einzukaufen,
- Zutaten und grüne Smoothies optimal zu lagern, damit möglichst wenige Vitamine verloren gehen,
- besser schmeckende Smoothies zu mixen, die Sie ausgezeichnet vertragen,
- den Smoothie richtig zu genießen,
- Entgiftungserscheinungen und Verdauungsprobleme zu vermeiden und
- warum man grüne Smoothies nicht »trinken« sollte.

Was bleibt noch zu sagen? Für mich sind grüne Smoothies aktuell der einfachste und beste Schritt, um seine Ernährung zu verbessern. Die Zubereitung geht schnell und leicht von der Hand, die Smoothies schmecken lecker und Sie fühlen sich in einigen Wochen merklich besser. Legen Sie jetzt mit mir gemeinsam los!

GRÜNE SMOOTHIES

verstehen

Kurz erklärt: Was sind grüne Smoothies?

Grüne Smoothies sind wohlschmeckende, fein pürierte Mahlzeiten aus dem Standmixer, bestehend aus Früchten, blättrigem Pflanzengrün wie Salat oder Spinat und etwas Wasser. Die Früchte verleihen dem Smoothie den angenehm süßen Geschmack, durch das Pflanzengrün erhält er seine grüne Farbe. Dabei verwendet man die ganze Frucht, manchmal auch mit Schale und Kerngehäuse. Dies führt zu weniger Abfall als bei Säften.

Das Pflanzengrün ist bisher ungeschlagener Weltmeister in der Gesundheitsmeisterschaft und führt sämtliche Wertungen in puncto Vitamine, Mineralstoffe, Spurenelemente und sekundärer Pflanzenstoffe an. Diese Stoffe liefern einen bisher unterschätzten Beitrag zu Gesundheit und Wohlbefinden.

In einem leistungsstarken Standmixer zubereitet erhält der grüne Smoothie eine sehr sämige (engl. »smooth«) Konsistenz, da er die Pflanzenfasern besonders fein aufspaltet, die Nährstoffaufnahme optimiert und für das typisch »weiche« Gefühl auf der Zunge sorgt.

Die Entstehungsgeschichte

Wer hat's erfunden? Nicht die Schweizer, sondern Victoria Boutenko, eine gebürtige Russin, die aktuell mit ihrer Familie in den Vereinigten Staaten lebt und gern als Mutter der grünen Smoothies bezeichnet wird.

Die gesamte Familie litt Anfang der 90er-Jahre unter schweren chronischen Krankheiten – unter anderem Diabetes, Herzrhythmusstörungen, Schilddrüsenüberfunktion, Asthma, Gelenkentzündungen und Übergewicht –, die durch die Schulmedizin nicht geheilt oder gelindert werden konnten. Daraufhin stellten alle vier Familienmitglieder im Jahr 1994 radikal auf Rohkost um, was sowohl bei den Eltern als auch bei den Kindern zu mehr Gesundheit und Zufriedenheit führte.

2004 verbesserte sich der Gesundheitszustand der Familie nicht mehr weiter. Victoria Boutenko schreibt selbst, dass sie noch nicht so gesund war, wie sie es gerne sein wollte. Also ging sie weiter auf die Suche und studierte die Ernährungsgewohnheiten der Schimpansen.

Sie machte dabei folgende Entdeckung: Obwohl die Gene von Menschen und Schimpansen sich zu ungefähr 99,4 Prozent gleichen[1], konsumieren Menschen signifikant weniger Pflanzengrün. Basierend auf dieser Erkenntnis erfand sie das Grundrezept der grünen Smoothies: Früchte und Pflanzengrün mit etwas Wasser gemixt. Somit war der grüne Smoothie im Jahr 2004 geboren – eine neue Alternative zum klassischen Salat.

Heute arbeitet Victoria Boutenko als Autorin, Lehrerin, Erfinderin, Forscherin und Künstlerin. In vielen ihrer Bücher stellt sie neue Konzepte und wissenschaftliche Informationen zum Pflanzengrün vor – einige davon lernen wir in diesem Buch noch kennen.

Für wen sind grüne Smoothies besonders geeignet?

In unserer heutigen westlichen Stressgesellschaft muss das Essen immer schneller gehen. Das Einkaufen darf keine Zeit mehr kosten, deswegen besorgen wir uns vorwiegend Lebensmittel, die lange haltbar sind. Zum Kochen haben wir nach der Arbeit keine Lust mehr. Dann bestellen wir uns schnell etwas beim Lieferservice oder schieben ein Fertiggericht in die Mikrowelle. Die Wertschätzung für qualitativ hochwertige und frische Lebensmittel ging verloren. Ja, wir wissen schon nicht mehr, welche Lebensmittel zu welcher Jahreszeit wachsen, wann diese überhaupt reif sind und wie sie schmecken sollten. Wir konsumieren daher hauptsächlich stark industriell verarbeitete Lebensmittel in Form von Fast Food, Fertigprodukten, Backerzeugnissen, Mehlspeisen, Süßigkeiten, Knabbergebäck, Wurstwaren und Milchprodukten. Die Folgen sind erschreckend: übergewichtige Kinder und Stoffwechsel- sowie Herz-Kreislauf-Erkrankungen im frühen Erwachsenenalter.

Der Berufsverband der Kinder- und Jugendärzte schreibt dazu, dass rund

10–20 % der Kinder und Jugendlichen in Deutschland übergewichtig seien. Etwa ein Drittel der übergewichtigen Kinder sind der KIGGS-Studie[2] zufolge sogar adipös. Damit sind 1,4 bis 2,8 Millionen Kinder und Jugendliche übergewichtig und ca. 700 000 Kinder und Jugendliche adipös. Im Vergleich zu den 1980er- und 1990er-Jahren hat sich der Anteil der dicken Kinder um 50 % erhöht.[3]

Das halte ich persönlich für höchst bedenklich. Eine eventuelle Verbesserung wäre durch ein Smoothie-Programm an Schulen möglich. Dazu wurde vor Kurzem eine interessante Studie veröffentlicht, bei der Folgendes festgestellt wurde: Schulkinder nehmen mehr Früchte zu sich, wenn sie diese als Smoothies angeboten bekommen, anstatt die Früchte einzeln verzehren zu müssen.[4] Anscheinend wirkt die Milchshake-ähnliche Konsistenz sehr ansprechend.

Zurück zu den Erwachsenen: Unter all jenen Menschen, die sich relativ gesund fühlen, werden die ständige Müdigkeit am Vormittag und am späten Nachmittag, der Heißhunger auf Süßes, die häufigen Erkältungen, die regelmäßigen Verdauungsprobleme wie Blähungen, Durchfall oder Verstopfungen sowie Konzentrationsstörungen, Antriebslosigkeit und eine wiederkehrende depressive Stimmung als normal angesehen. Für mich sind das erste Indizien, dass sich ein Organismus nicht mehr im Gleichgewicht befindet.

Die DGE (Deutsche Gesellschaft für Ernährung) empfiehlt fünf Portionen Obst und Gemüse pro Tag.[5] Das sind etwa 400

Gramm Gemüse oder 250 Gramm Obst täglich. Eine Tagesration entspricht dabei

* einem Apfel,
* zwei Handvoll Blaubeeren,
* zwei Handvoll Kopfsalat,
* zwei Handvoll Kohl und
* drei Strauchtomaten.

Eine Untersuchung aus dem Jahr 2014 vom University College London rät im *Journal of Epidemiology and Community Health* sogar zu sieben oder mehr Portionen pro Tag. Das Ergebnis: Die Probanden, die sieben oder mehr Portionen Gemüse und Obst verzehrten, hatten ein um 42 Prozent niedrigeres Sterberisiko bei allen gesundheitlich bedingten Sterbeursachen.[6] Die Wahrscheinlichkeit, vorzeitig an Krebs oder Herz-Kreislauf-Erkrankungen zu sterben, scheint also zu sinken, je mehr Obst und Gemüse man isst.

Aber Hand aufs Herz – wer schafft es wirklich, mit einer konventionellen Ernährung regelmäßig fünf oder gar sieben Portionen Obst und Gemüse zu essen? Ich gebe ehrlich zu, in meiner Kindheit und Jugend ging mein Konsum eher gegen null und auch als gesundheitsbewusster Mensch Anfang bis Mitte 20 knackte ich selten die Fünf-Portionen-Grenze.

Fazit

Grüne Smoothies sind besonders für Menschen geeignet, die Mühe haben, ausreichend Obst oder Salat zu sich zu nehmen. Grüne Smoothies helfen hier, den Obst- und Gemüsekonsum auf einfache und leckere Art und Weise zu steigern.

Mit nur 1 Liter grünem Smoothie nehmen Sie bereits drei Portionen Obst und eine Portion Gemüse zu sich, also insgesamt vier der von der Deutschen Gesellschaft für Ernährung empfohlenen fünf Portionen. Sie müssten dann nur noch eine weitere über den restlichen Tag verteilt zu sich nehmen.

Die gesundheitliche Wirkung

Der Mensch benötigt zum Überleben zwei Gruppen von Nährstoffen: Mikronährstoffe und Makronährstoffe.

Grüne Smoothies enthalten eine Unmenge an sogenannten Mikronährstoffen. Dazu zählen unter anderem Vitamine, Mineralstoffe, Spurenelemente und sekundäre Pflanzenstoffe. Sie liefern dem Körper keine Energie, sind aber lebensnotwendig. Sie sind maßgeblich an allen Stoffwechselprozessen beteiligt und sorgen dafür, dass unser Körper einwandfrei funktioniert. Zum Beispiel regulieren sie den Wasserhaushalt und sorgen für die Kontraktion der Muskeln, die Erregung der Nerven und die Bildung von Blut. Unser Körper kann diese Mikronährstoffe bis auf einige Ausnahmen nicht selbst bilden, daher müssen wir sie ihm regelmäßig zuführen.

Zur zweiten Gruppe der Nährstoffe gehören die Makronährstoffe. Dazu zählen die Kohlenhydrate (Zucker), die Lipide (Fette) und die Proteine (Eiweiße). Sie sind für den Körperaufbau und die Energiegewinnung verantwortlich. Proteine zum Beispiel benötigt der Körper für das Muskelgewebe, Lipide für das Bindegewebe und die Kohlenhydrate sind der Hauptenergielieferant.

Vereinfacht verglichen mit einem Auto entsprächen die Kohlenhydrate dem

Treibstoff, die Eiweiße der Karosserie, die das Auto in der Form hält, und die Fette dem Öl zum Schmieren des Motors sowie der Lackierung zum Schutz der Karosserie.

Die Mikronährstoffe sorgen vor allem für die Funktion der Elektronik. Ohne sie würde der Motor nicht starten. Wir wüssten nicht, wann wir das Öl nachfüllen müssen oder wann der Reifendruck zu niedrig ist. Die Beschallung aus dem Radio bliebe aus. Wir würden uns über das zu kalte oder zu warme Wetter ärgern, weil die Klimaanlage nicht funktioniert, und ohne Scheibenwischer würden wir bei Regen verzweifeln. Diese vermeintlich kleinen Funktionen und Extras fallen auf den ersten Blick nicht auf, sind aber in ihrer Gesamtheit unverzichtbar, damit Sie das Auto in jeder erdenklichen Situation benutzen können.

Wir benötigen Mikronährstoffe nur in sehr kleinen Mengen, weshalb sie lange im Schatten der Makronährstoffe standen. Heutzutage ist ihre Wirkung besser erforscht und man hat ihre Wichtigkeit erkannt. Viele Krankheiten und gesundheitliche Probleme lassen sich auf einen möglichen Mikronährstoffmangel zurückführen. So wie beim Auto: Gibt es Probleme beim Öldruck, aber die Kontrolllämpchen funktionieren aufgrund eines Elektronikdefektes nicht, dann gibt es in naher Zukunft einen plötzlichen Motorschaden.

Vitamine

Von den 20 gegenwärtig wissenschaftlich bekannten Vitaminen gelten 13 als lebensnotwendig, wir müssen diese also regelmäßig zu uns nehmen. Einige sind Ihnen gewiss geläufig: Vitamin A (Retinol), Vitamin B1 (Thiamin), Vitamin B2 (Riboflavin), Vitamin B3 (Niacin), Vitamin B5 (Pantothensäure), Vitamin B6 (Pyridoxin), Vitamin B7 (Biotin), Vitamin B9 (Folsäure), Vitamin B12 (Cobalamin), Vitamin C (Ascorbinsäure), Vitamin D (Calcitriol), Vitamin E (Tocopherol), Vitamin K1 (Phyllochinon) und Vitamin K2 (Menachinon).

Mineralstoffe und Spurenelemente

Ebenfalls für den Menschen lebensnotwendig sind Mineralstoffe und Spurenelemente. Sie zählen zum unbelebten Teil der Natur. Es handelt sich dabei um kleinste Teile von Gesteinen, Salzen und Metallen wie Kalzium, Chlor, Kalium, Magnesium, Eisen, Natrium, Jod, Kupfer oder Selen.

Sekundäre Pflanzenstoffe

Wie der Name schon verrät, kommen sekundäre Pflanzenstoffe in Pflanzen vor, sind aber für diese nicht lebensnotwendig. Von 250 000 höheren Pflanzen auf unserem Planeten wurden erst circa 80 000 erforscht. Am weitesten verbreitet sind Flavonoide; sie kommen vor allem in Pflanzen mit kräftigen roten Farben vor. Nennenswert sind hier Rote Bete (Rote Rübe), Rotkohl, rote Weintrauben und Kirschen. Ebenfalls bekannt sind Carotinoide. Das sind die Farbstoffe in rot- und gelbfarbigen Gemüse- und Früchtesorten wie zum Beispiel in Tomaten oder in gelber Paprika. Auch Chlorophyll, der grüne Pflanzenfarbstoff, sowie Sulfide, die Zwiebeln, Knoblauch, Schnittlauch und Lauch (Porree) den scharfen Geschmack verleihen, gehören zu den gut erforschten sekundären Pflanzenstoffen. Es gibt noch einige weitere, auf die ich aber hier nicht im Detail eingehen will.

Meiner Meinung nach gebührt den sekundären Pflanzenstoffen eine ähnliche Anerkennung wie den bereits bekannten Vitaminen, Mineralstoffen und Spurenelementen. Diese wurden früher ebenfalls unterschätzt und erlangten erst in jüngster Vergangenheit wirklich an Bedeutung.

Der Ökotrophologe Dr. Edmund Semler schreibt dazu, dass noch vor wenigen Jahren die Ernährungswissenschaft sekundäre Pflanzenstoffe als gesundheitlich unbedeutend oder gar schädlich einstufte. Mittlerweile weiß man, dass sie Krankheiten vorbeugen und dafür sorgen, dass man lange gesund bleibt.[7]

Wirkung von Mikronährstoffen: Das Quadrantenmodell von Norbert Fuchs

Besonders spannend finde ich das Quadrantenmodell von Norbert Fuchs aus dem Ratgeber der Nährstoffakademie Salzburg *Gesund durch ausreichend Vitamine, Mineralstoffe & Spuren-elemente*. Darin bringt Norbert Fuchs alle Vitamine, Mineralstoffe, Spuren-elemente und sekundären Pflanzenstoffe in einen leicht verständlichen Kontext.

Stellen Sie sich jede Zelle in unserem Körper als eine Fabrik vor, in der unterschiedlichste Aufgaben zu erledigen sind. Jede Fabrik besteht aus diversen Produktionsabteilungen, Kontroll- und Lagerabteilungen, einer Import- und Exportdivision, einem eigenen Heizkraftwerk und einer Müllverarbeitung. Insgesamt besteht unser Körper aus 100 Billionen Fabriken und jede einzelne hat etwa 10 000 Angestellte, damit alle Prozesse einwandfrei laufen.[8]

Zur täglichen Arbeit benötigen sie Werkzeuge (1. Quadrant), Baustoffe (2. Quadrant), Reinigungsstoffe (3. Quadrant) sowie Schutzstoffe (4. Quadrant), welche wir uns gleich näher ansehen.

1. Quadrant: Werkzeuge – Zellaktivität

Zunächst benötigen die Mitarbeiter in jeder Fabrik Spezialwerkzeuge, um überhaupt arbeiten zu können. Die Mitarbeiter entsprechen den Tausenden aktiven Enzymen in jeder Zelle. Ihre Werkzeuge bestehen aus B-Vitaminen wie Vitamin B1, B2, B3, B5, B6 und B12, aber auch aus Folsäure, Biotin, Vitamin C, Vitamin K, Chrom, Eisen, Jod, Kupfer, Mangan, Selen, Zink, Kalzium, Kalium, Magnesium, Natrium und noch ein paar anderen Mikronährstoffen.

Die Fabrikarbeiter können ihre Arbeit nur ordentlich verrichten, wenn genug Werkzeug zur Verfügung steht. Stellen

1. Werkzeuge – Zellaktivität
Zum Beispiel alle B-Vitamine, Folsäure,
Biotin, Chrom, Eisen und Jod

4. Schutzstoffe – Zellabwehr
Zum Beispiel Vitamin A, Beta-Carotin,
Vitamin C, Vitamin E, Selen und
Chlorophyll

2. Baustoffe – Qualitätsware
Zum Beispiel Vitamin K, Phosphor,
essenzielle Aminosäuren, Alpha-
Linolensäure und Linolsäure

3. Reinigungsstoffe – Müllabfuhr
Zum Beispiel Kalzium, Kalium, Magnesium,
Natrium und Zink

Sie sich vor, es soll ein Loch in die Wand gebohrt werden und Sie haben keine Bohrmaschine zur Verfügung. Oder ein Tischler soll ohne Werkzeug einen Stuhl zusammenbauen. Vielleicht bekommt er auf kreative Art und Weise einen Stuhl hin – aber ich hätte große Bedenken, ob er wirklich hält.

Wenn Sie einen Mangel an Werkzeugen haben, so sinkt, laut Ratgeber der Nährstoffakademie Salzburg, die Arbeitsleistung der Zellen. Sie spüren das dann anhand von Symptomen, die wahrscheinlich jeder kennt, wie Müdigkeit, Antriebslosigkeit und Leistungsabfall. Langfristig kann dies jedoch zu ernsthaften Erkrankungen wie Depressionen, ADHS, Hyperaktivität sowie Stoffwechselerkrankungen (Diabetes) führen.[9]

**2. Quadrant: Baustoffe –
Qualitätsware**

Da in unseren Fabriken viel los ist, müssen diese ständig renoviert werden. Kaum eine ist länger als 120 Tage im Dienst. Spätestens dann wird sie abgerissen und komplett neu gebaut.

Für den ständigen Um- und Aufbau benötigt der Körper ausgezeichnete Baustoffe, also richtige Qualitätsware in Form von Vitamin K, Phosphor, essenziellen Aminosäuren und essenziellen Fettsäuren.

Stellen Sie sich vor, Sie bauen ein Haus und haben zu wenig Material, um die Fassade fertigzustellen. Auf der Südseite sieht man noch die roten Ziegel. Auf der Ostseite fehlt die Dämmung und die Heizungsrohre konnten nur bis in den ersten Stock verlegt werden. Den Winter verbringen Sie dann ausschließlich im Erdgeschoss und die Nachbarn spotten über Ihren Baufortschritt. Viel Freude hätten Sie mit dem Haus dann nicht, oder?

Haben Sie einen Mangel an Baustoffen, so sehen Sie das zum Beispiel auf der Haut durch Neurodermitis oder Psoriasis. Außerdem können die Nerven betroffen sein. Sie leiden dann zum Beispiel unter Nervosität, Lernschwäche oder Konzentrationsstörungen. Genauso lassen sich Allergien und Erkrankungen der Lunge oft auf das Fehlen der richtigen Baustoffe zurückführen.[10]

3. Quadrant: Reinigungsstoffe – Müllabfuhr

Sie kennen sicher den Spruch »Wo gehobelt wird, da fallen Späne«. Genauso ist es auch bei unseren Fabriken. Es fallen Abfallstoffe an, sogenannte Stoffwechselendprodukte. Daher brauchen Sie eine zuverlässige Müllabfuhr, die regelmäßig den Müll entsorgt. In Ihrem Körper übernehmen diese Aufgabe hauptsächlich Kalzium, Kalium, Fluor, Magnesium, Natrium, Zink und diverse Flavonoide.

Stellen Sie sich vor, Sie wohnen in einer Wohnsiedlung, ein Haus neben dem anderen, und die Müllabfuhr kommt nicht mehr. Langsam stapelt sich der Müll auf der Straße zu kleinen Bergen. Irgendwann fällt es Ihnen schwer, zu Ihrem Auto draußen zu gelangen, da alle Straßen verstopft sind mit stinkendem Abfall.

Genauso ist das in unserem Körper: Die Fabriken (Zellen) sind wie Häuser aneinandergereiht und durch »Straßen« (Bindegewebe) verbunden. Wenn die Müllabfuhr zu wenig oder überhaupt nicht mehr kommt, dann deponieren die Fabriken den Müll auf den Straßen, damit sie weiterarbeiten können. Dabei werden die Transportwege so stark eingeschränkt, dass die Werkzeug- und Baustofflieferungen nicht mehr zur Fa-

brik kommen. Auch wenn Sie genügend davon hätten, wären sie jetzt vollkommen nutzlos.

Haben Sie einen Mangel an Reinigungsstoffen, so können Stuhlträgheit (Verstopfung), degenerative Gelenkerkrankungen, Osteoporose, Herz-Kreislauf-Erkrankungen, Hyperurikämie, Muskelkrämpfe oder rheumatische Erkrankungen die Folge sein.[11]

4. Quadrant: Schutzstoffe – Zellabwehr

Die Schutzstoffe, die sogenannten Antioxidantien, in Form von Vitamin A, Beta-Carotin, Vitamin D, Vitamin E, Vitamin C, Coenzym Q10, L-Carnitin, Chlorophyll, Glutathion sowie anderen sekundären Pflanzenstoffen fungieren als Sicherheitsdienst und schützen die Fabriken (Zellen) vor Eindringlingen (freien Radikalen). Die Eindringlinge sind äußerst aggressiv und entstehen bei Stoffwechselprozessen in unserem Körper, aber auch durch äußere Einflüsse wie UV-Strahlung, Ozon, Nikotin, Alkohol und Umweltgifte sowie durch übermäßige körperliche Belastungen (Leistungssport), Stress oder Medikamente. Sind die Eindringlinge in der Überzahl, greifen sie Ihre Fabriken an und zerstören diese. Sind dauerhaft zu viele Eindringlinge im Körper vorhanden und werden zu viele Fabriken zerstört, spricht man von oxidativem Stress, der die Entstehung aller Krankheiten begünstigt. Daher ist es immer besonders wichtig, den Körper mit genügend Schutzstoffen zu versorgen.

Haben Sie einen Mangel an Schutzstoffen, so stehen gemäß dem Ratgeber der Nährstoffakademie Salzburg einem Burn-out-Syndrom, vorzeitigem Altern, entzündlichen Erkrankungen, Immunschwäche oder Krebs Tür und Tor offen.[12]

Das Quadrantenmodell von Norbert Fuchs zeigt anschaulich, warum es so extrem wichtig ist, genügend Obst und Gemüse sowie die darin enthaltenen Mikronährstoffe regelmäßig zu sich zu führen. Meiner Meinung nach sind grüne Smoothies die einfachste Möglichkeit, um dies zu erreichen. Gemeinsam mit einer ausgewogenen, vorwiegend pflanzlichen Ernährung helfen sie langfristig, Krankheiten, gesundheitlichen Problemen sowie den gefürchteten Zivilisationserkrankungen vorzubeugen.

Zahlreiche Studien belegen, welch positive Wirkung Obst und Gemüse auf unsere Gesundheit haben können:

- Heidelbeeren führen zu einer schnelleren Regeneration nach sportlichen Belastungen[13].
- Früchte und Gemüse erhöhen die antioxidative Wirkung des Blutstroms und verbessern die Arterienfunktion.[14][15]
- Kiwis schützen vor einer DNA-Beschädigung.[16]
- Erdbeeren helfen gegen Entzündungen[17].
- Sobald Sie mehr pflanzliche Lebensmittel zu sich nehmen, verbessern sich Ihre Gesundheit, Ihr Energielevel und Ihr Wohlbefinden innerhalb kürzester Zeit. Schon Hippokrates erkannte vor 2400 Jahren: »Eure Nahrung soll euer Heilmittel sein. Eure Heilmittel sollen eure Nahrung sein.«

Fazit

Versorgen Sie Ihren Körper mit möglichst vielen Mikronährstoffen in Form von Vitaminen, Mineralstoffen, Spurenelementen und sekundären Pflanzenstoffen, die in großem Ausmaß in reifen Früchten sowie frischem Pflanzengrün enthalten sind. Dann kann jede Zelle Ihres Körpers reibungslos arbeiten, Sie bleiben gesund und fühlen sich in Ihrem Körper wohl.

Kurzausflug zur Verdauung

Vielleicht haben Sie folgenden Satz schon mal gelesen oder gehört: »Wir sind nicht das, was wir essen, wir sind das, was wir aufnehmen.« Was das bedeutet? Es reicht nicht nur, Gesundes zu sich zu nehmen, der Körper muss das Essen auch verdauen und die darin befindlichen Nährstoffe aufnehmen können. Erst wenn diese im Blutkreislauf und in den Zellen landen, können sie ihre Wirkung entfalten.

In östlichen Ernährungslehren wird die Verdauung gern mit einem Ofen verglichen. Möchten Sie ein Feuer anzünden, starten Sie mit leicht entzündlichen Materialien wie dünnen Holzspänen oder Zeitungspapier. Sie legen nicht gleich zu Beginn ein großes Holzscheit in den Ofen. Das wäre für eine kleine Flamme zu viel. Was denken Sie, was das im übertragenen Sinne für unsere Ernährung bedeuten könnte? Es hat einen Grund, warum Suppen gern als Vorspeise serviert werden. Sie sind durch das Pürieren quasi schon vorverdaut und darum leicht zu verbrennen. Sie bringen das Feuer richtig zum Lodern, bevor der Hauptgang kommt. In Ihrem Ofen brennen zuerst Papier, Karton und Späne, bevor Sie Kohle und Holzscheite nachlegen. Das Papier zerfällt schnell zu Asche, aber Kohlebriketts können stundenlang glühen.

Auch im Magen und Darm benötigen wir unterschiedlich lange für verschiedene Arten von Speisen. Früchte können nach 20 bis 40 Minuten verdaut sein, Kartoffeln nach 2 bis 3 Stunden, ein Steak und Milchprodukte erst nach 6 oder 7 Stunden.

Ziel der Verdauung ist es, den Nahrungsbrei in kleinste Bestandteile zu zerlegen. Wenn eine Kartoffel ein Haus aus Legobausteinen wäre, dann nehmen Sie dieses Haus als ein Gebäude wahr, obwohl es aus unterschiedlichen Legoteilen besteht, aus dünnen und dicken, aus kurzen und langen, roten, gelben, blauen, weißen und schwarzen. Ebenso besteht eine Kartoffel, nach außen scheinbar eine Einheit, eigentlich aus vielen unterschiedlichen Bausteinen: aus Kohlenhydraten, ein bisschen Vitamin C, ein bisschen Magnesium, Kalium, Folsäure und einigem mehr. Der Körper beginnt nun, im Zuge der Verdauung das Legohaus auseinanderzubauen, um die einzelnen Teile dort einzusetzen, wo sie benötigt werden. Mit dem ganzen Legohaus kann er nichts anfangen, aber mit den Einzelteilen schon: Die roten Legosteine (Eisen) benötigt er für die Blutbildung und den Sauerstofftransport, die blauen in der Lunge, die orangen Legosteine (Carotinoide) für die Haut und so weiter.

Wir wissen also, dass der Körper alles in winzige Teile zerlegt. Über den Blutkreislauf, die Straßen in unserem Körper, auf denen alles befördert wird, gelangen die Einzelteile zu ihrem Bestimmungsort. Dafür benötigen wir die Darmzotten mit ihren »Schleusen«, durch die nur die kleinsten Nahrungsteilchen passen. Wenn noch mehrere Legosteine zusammenstecken, also die Verdauung nicht optimal funktioniert hat, passen sie nicht durch die Schleusen. Dann kommen sie in untere Darmregionen, wo sich eine Horde Darmbakterien auf sie stürzt, was anschließend zu Durchfall oder Blähungen führen kann. Speziell bei einem Ungleichgewicht der Darmflora oder Krankheiten der Verdauungsorgane kann die Nährstoffaufnahme eingeschränkt sein. Dann spielt es eine untergeordnete Rolle, wie gesund die Lebensmittel sein mögen – ein Teil der wertvollen Nährstoffe wandert ungenutzt durch Ihren Körper durch und plumpst ins Klo.

Zum Abschluss noch kurz zurück zum Beispiel mit dem Ofen: Was fördert oder verschlechtert das Feuer zusätzlich? Ich denke dabei immer an das alte Sprichwort »Nach dem Essen sollst du ruhn oder 1000 Schritte tun«. Die 1000 Schritte stehen für den berühmten Ver-dauungsspaziergang. Beim Gehen führen wir dem »Verdauungsfeuer« über die Lungen Sauerstoff zu, sodass es besser »brennt«. Tiefes Atmen und Bewegung fördern zusätzlich die Weiterbewegung des Speisebreis durch den Darmkanal. Und was mag Feuer keinesfalls? Zu viel Wasser! Denn damit löschen Sie das Feuer. Darum empfehlen die östlichen Ernährungslehren, stets VOR dem Essen zu trinken – und nicht währenddessen.

Fazit
Eine funktionierende Verdauung ist wichtiger als das gesündeste Essen mit vielen Nährstoffen. Denn entscheidend ist, dass die Mikronährstoffe im Blutkreislauf landen und dort ankommen, wo sie gebraucht werden. Erst dann profitiert Ihr Körper auch von den guten Inhaltsstoffen in grünen Smoothies!

Der unglaubliche Mixer-Effekt

Manche Carotinoide (eine Gruppe der sekundären Pflanzenstoffe) wie Beta-Carotin aus Karotten, Kürbis oder Süßkartoffeln und Lycopin aus Tomaten können als mikroskopisch kleine Kristalle von Zellwänden eingeschlossen sein. Für den Körper sind sie nur verfügbar, wenn sie »aufgeknackt« werden. Das geschieht durch Kauen, Kochen und/oder Mixen.[18]

Wer ordentlich kaut beziehungsweise die Lebensmittel geradezu zwischen den Zähnen zermalmt, trägt zur Frei-setzung zusätzlicher Nährstoffe bei. In einer Studie stellte man fest, dass bereits das Zerhacken von Spinat mit dem Messer einen positiven Effekt auf die Aufnahme von Folsäure hat. Das ist ein Vitamin, das für Frauen mit Kinderwunsch oder in der Schwangerschaft sehr wichtig ist.[19]

Kann es also sein, dass wir mehr Nährstoffe aufnehmen, wenn wir die Nahrung vorher in einem Mixer zerkleinern? Die Antwort ist: Ja!

Der US-amerikanische Wissenschaftler und überzeugte Pflanzenkost-Vertreter Dr. Michael Greger erklärt in einer Reihe von Videos im Internet, warum grüne Smoothies so gesund sind. In einem erklärt er abschließend: »Blending vegetables – raw or cooked – into soups, sauces or smoothies can maximize nutrient absorption.« In einem weiteren Video erklärt der Experte: »Chewing is good, but blending is better, in terms of digestive efficiency and absorbing nutrients.«[20] Die sinngemäße Übersetzung lautet: Das Pürieren von Gemüse, egal, ob roh oder gekocht, für Suppen, Soßen oder Smoothies kann die Nährstoffaufnahme verbessern.

Denn nach dem Kauen sind die Nahrungsteilchen immer noch 2 Millimeter groß und größer.[21] Die enthaltenen Pflanzenzellen darin sind jedoch oft kleiner, nämlich im Durchschnitt nur etwa 0,1 Millimeter groß.[22] Ein vierzigsekündiger Mixvorgang kann dafür sorgen, die Nahrungsteilchen auf ein subzelluläres Level aufzuspalten[23], sprich, die Nahrungsteilchen im Smoothie sind dann kleiner als die Pflanzenzellen. So steht dem Körper ein Maximum an aufgeschlossenen Nährstoffen zur Aufnahme bereit.[24][25]

Ich gebe Ihnen hier ein erfundenes Beispiel zum besseren Verständnis. Nehmen wir an, 100 Gramm Spinat enthalten 100 Milligramm Chlorophyll-a. Durch 10-mal Kauen (normales Kauen) werden 50 Milligramm Chlorophylla freigesetzt, durch 35-mal Kauen (ordentliches Kauen) 70 Milligramm. Durch Mixen könnte man die Chlorophyll-a-Freisetzung auf 95 Milligramm steigern. Aus der gleichen Menge an Früchten und Gemüse steht Ihrem Körper dann mehr Chlorophyll-a zur Aufnahme bereit.

Fazit

Das Mixen zerstört die Zellwände und zerkleinert die Nahrungsteilchen so stark, dass es zu einer vermehrten Freisetzung bestimmter Mikronährstoffe kommt. Durch das Kauen allein, auch intensives Kauen, kann nicht der gleiche Effekt erzielt werden.

Das einfache Grüne-Smoothies-Konzept

Wie funktionieren nun grüne Smoothies? Stellen Sie sich am besten gedanklich einen Mixbehälter vor: Die untere Hälfte füllen Sie mit Früchten, die obere Hälfte mit Pflanzengrün wie Salat oder Spinat. Abschließend gießen Sie Wasser in den Behälter, bis die Früchte unter Wasser stehen.

Danach ergibt sich folgendes Gewichtsverhältnis:

- circa 500 Gramm Früchte (entspricht zwei bis drei ganzen Früchten),
- circa 100 bis 120 Gramm Pflanzengrün (entspricht zwei Handvoll),
- circa 350 Milliliter Wasser (entspricht einem Glas).

Das Grüne-Smoothies-Konzept
- 50 Prozent Früchte
- 50 Prozent Pflanzengrün
- Wasser nach Belieben

Mit dieser Formel erreicht man eine cremige Konsistenz und der Smoothie schmeckt schön süß. Dies ist gerade am Anfang hilfreich, wenn man den bitteren Geschmack der Grünzutaten noch nicht gewohnt ist. Damit überzeugen Sie dann sogar pingelige Kinder oder misstrauische Männer.

50% Pflanzengrün

50% Früchte

Wasser nach Belieben

Die bisher ungenutzte Kraft des Pflanzengrüns

Starten wir gleich mit etwas Fachchinesisch. Obst und Gemüse weisen eine höhere Nährstoffdichte auf als alle anderen Lebensmittel.[26] Darum sind Obst und Gemüse ein wichtiger Teil der Ernährungspyramide und der Grund, warum viele Ernährungsexperten sowie auch die Deutsche Gesellschaft für Ernährung einen vermehrten Konsum davon empfehlen.

Das hört sich erst einmal gut an – aber was bedeutet Nährstoffdichte genau? Kurz erklärt: Die Nährstoffdichte eines Lebensmittels ist die Menge eines in einem Lebensmittel enthaltenen Nährstoffs im Verhältnis zum Energiegehalt

dieses Lebensmittels. Zum Beispiel hat ein Burger einer einschlägigen Fast-Food-Kette eine sehr geringe Nährstoffdichte, denn im Burger sind sehr viele Kalorien in Form von Eiweiß, Fetten und Zucker enthalten und relativ wenig Vitamine und Mineralstoffe. Auf der anderen Seite der Skala befindet sich zum Beispiel Salat. Er enthält sehr wenig Kalorien und dafür sehr viele Vitamine und Mineralstoffe.

Wir haben bereits erläutert, dass Obst und Gemüse als gesund gelten und wir mehr davon essen sollten. Das ist nun keine große Neuigkeit. Ich will stattdessen auf eine besondere Gruppe im Detail eingehen. Eine Gruppe, die dank Victoria Boutenko mehr ins Rampenlicht gerückt ist: das Pflanzengrün. Die Grüne-Smoothies-Erfinderin fand heraus, dass die amerikanische Durchschnittsernährung nur zu wenigen Prozent aus Pflanzengrün besteht. Bei unseren nächsten Verwandten aus der Tierwelt, den Schimpansen, sind grüne Blätter und Blüten hingegen ein wesentlicher Ernährungsbestandteil (circa 25 bis 40 Prozent).[27] Affen in freier Wildbahn sind praktisch nie von den Zivilisationserkrankungen betroffen. Erst wenn wir sie zwangsweise mit denselben verarbeiteten Lebensmitteln füttern, die wir tagtäglich zu uns nehmen, entwickeln die Tiere typische Symptome von Zivilisationserkrankungen. Offenbar gelingt es den vermeintlich unterentwickelten Tieren sehr viel besser, sich gesund zu ernähren, als den hoch entwickelten Menschen im urbanen Lebensraum. Dies war für Victoria Boutenko der Anstoß, das Pflanzengrün besser zu erforschen. So fand sie heraus, dass es sich dabei um die nährstoffreichsten Lebensmittel auf unserem Planeten handelt. Leider mussten wir für diese Erkenntnis bis zum Jahre 2004 warten. Hätten wir uns lieber den Seemann Popeye als Vorbild genommen, dann würden wir bereits seit den 30er- oder frühen 40er-Jahren mehr Pflanzengrün verschlingen.

Was zählt eigentlich alles zum Pflanzengrün?
Zum Beispiel:
- Spinatgemüse wie Mangold oder Spinat,
- Kohlgemüse wie Grünkohl oder Palmkohl/Schwarzkohl,
- Blattsalate wie Kopfsalat, Bataviasalat, Romanasalat oder Feldsalat,
- Blätter von Bäumen wie der Linde,
- Blätter von Sträuchern wie Hibiskusblätter, Erdbeerblätter oder Brombeerblätter,
- das Grün von Wurzelgemüse wie zum Beispiel von Karotten oder Roter Bete,
- Kräuter wie Petersilie oder Basilikum,
- Wildkräuter wie Löwenzahn oder Brennnessel.

Zusammengefasst kann man sagen, alles Blättrige oder Blattähnliche mit grüner Farbe zählt zum Begriff Pflanzengrün. Über die Definition und die Zugehörigkeit herrscht oft große Verwirrung. Manche bezeichnen es als Blattgrün, was allerdings nicht ganz stimmt, weil auch grünes Blattgemüse enthalten ist. Andere nennen es grünes Blattgemüse, was ebenfalls nicht korrekt ist, weil auch Kräuter oder Blätter dazu zählen.
Immer wieder verirrt sich auch grünes Gemüse wie Brokkoli, Erbsenschoten, Artischocken, Romanesco oder Kohlsprossen in den Smoothie, weil man pauschal annimmt, alles Grüne sei gesund. Aber diese Zutaten zählen nicht zum Pflanzengrün, weil sie in roher Form von vielen Menschen nicht vertragen werden und zu Verdauungsproblemen führen können.
Gurken, Zucchini und Avocados treiben mit ihrer grünen Farbe die Verwirrung auf die Spitze, da es sich doch auch um Gemüse handelt und es verwendet wer-

VERSCHIEDENE ARTEN VON PFLANZENGRÜN

Blattsalate
z. B. Kopfsalat

Spinatgemüse
z. B. Babyspinat

Wildkräuter
z. B. Löwenzahn

Blätter von Gemüse
z. B. Karottengrün

Kohlgemüse
z. B. Grünkohl

Blätter von Bäumen und Sträuchern
z. B. Lindenblätter

Küchenkräuter
z. B. Basilikum

den darf. Genau genommen zählen die genannten Beispiele aber zum Fruchtgemüse und Sie können diese als Ersatz für süße Früchte verwenden, um damit herzhafte Smoothies zu zaubern, aber nicht als Ersatz für Pflanzengrün.

Das war ganz schön kompliziert, nicht wahr? Diese Tabelle hilft Ihnen, einen Überblick über alles Grüne zu bekommen.

Bezeichnung	Beispiele	Pflanzengrün
Grünes Blattgemüse	Spinatgemüse wie Mangold oder Spinat sowie Kohlgemüse wie Grünkohl, Palmkohl oder Wirsing	Ja
Blattsalate	Kopfsalat, Romanasalat, Feldsalat, Bataviasalat	Ja
Blätter	Blätter von Wurzelgemüse, Blätter von Sträuchern oder Bäumen	Ja
Kräuter	Küchenkräuter wie Petersilie oder Basilikum, Wildkräuter wie Löwenzahn oder Brennnessel	Ja
Grünes Gemüse	Brokkoli, Erbsen, Artischocken, Romanesco, Kohlsprossen	Nein, sollte aus Verträglichkeitsgründen nicht in den süßen Smoothie mit Obst.
Grüne Früchte	Kiwis, Limetten, grüner Apfel	Nein, zählen als Fruchtzutat.
Grünes Fruchtgemüse	Zucchini, Avocados, Gurken	Nein, zählen als Fruchtzutat.

Fazit

Für Ihren grünen Smoothie nehmen Sie nicht einfach irgendein grünes Gemüse oder irgendetwas anderes Grünes. Achten Sie besser auf die Kombination Blatt (oder Blattähnliches) plus Grün.

Die »Powerhouse Fruits and Vegetables«

Gehen wir noch einmal zurück zu Victoria Boutenko. Ihre Entdeckung bestand darin, dass das Pflanzengrün in der Gemüse-Kategorie um einiges nährstoffreicher als normales Gemüse ist und in engem Zusammenhang mit einem verminderten Risiko für chronische Erkrankungen steht. Dies bestätigen auch die »Powerhouse Fruits and Vegetables«, also jene Lebensmittel mit der allerhöchsten Nährstoffdichte. Die ersten zehn Plätze werden mit klarem Abstand von Pflanzengrün belegt.[28] Die Rangliste von oben nach unten liest sich wie folgt: Brunnenkresse, Chinakohl, Mangold, Rote-Bete-Grün, Spinat, Feldsalat, Blattsalat, Petersilie und Romanasalat. Aufgrund dieser immens hohen Nährstoffdichte könnten Sie mit 500 bis 1000 Gramm davon den gesamten Tagesbedarf der wichtigsten Vitamine, Mineralstoffe und Spurenelemente decken und würden gleichzeitig nur 100 bis 150 Kalorien zu sich nehmen. Eine kleine Handvoll Pommes (36 bis 50 Gramm) hat genauso viele Kalorien.

Sie müssen allerdings nicht gleich einen ganzen Eimer voll mit Pflanzengrün essen. Das entspräche nämlich einem Kilogramm Pflanzengrün. Auch zwei große Handvoll täglich (circa 100 Gramm) liefern für den Beginn einen guten Beitrag!

Nährstoffdichten-Vergleich: Pflanzengrün versus Obst

Um den Unterschied noch einmal zu verdeutlichen, sehen Sie hier einen Vergleich von Apfel und Spinat. Vor allem in puncto Mineralstoffe ist der Spinat dem Apfel haushoch überlegen.[29]

	100 g Apfel	100 g Spinat
Kalorien (kcal)	52	6,9
Vitamin A (IU)	54,0	2813
Vitamin C (mg)	4,6	8,4
Vitamin E (mg)	0,2	0,6
Vitamin K (µg)	0,0	145
Riboflavin (mg)	0,0	0,1
Niacin (mg)	0,1	0,2
Vitamin B6 (mg)	0,0	0,1
Folsäure (µg)	3,0	58,2

Vitamin B12 (µg)	0,0	0,0
Pantothensäure (mg)	0,1	0,0
Kalzium (mg)	6	29,7
Eisen (mg)	0,1	0,8
Magnesium (mg)	5,0	23,7
Phosphor (mg)	11	14,7
Kalium (mg)	107	167
Natrium (mg)	1	23,7
Zink (mg)	0,0	0,2
Kupfer (mg)	0,0	0,0
Mangan (mg)	0,0	0,3
Selen (µg)	0,0	0,3
Fluor (µg)	3,3	–

Nährstoffdichten-Vergleich: Pastinake (Wurzelgemüse) versus Petersilie (Pflanzengrün)

In dieser Tabelle, aus Victoria Boutenkos Buch *Green for Life*[30], erkennen Sie, warum das Pflanzengrün dem Wurzelgemüse wie Pastinaken, Karotten, Knollensellerie, Petersilienwurzeln, Steckrüben und Co. weit überlegen ist. Viele machen sich vor allem um ihren Kalzium- und Eisen-Haushalt Sorgen, wenn sie (weitestgehend) auf Milchprodukte und Fleisch verzichten. Bei einem höheren Verzehr von Pflanzengrün stellen wir eine ausreichende Versorgung mehr als sicher.

	100 g Pastinaken (Wurzel)	100 g Petersilie (Grün)
Kalorien (kcal)	75,00	36,00
Protein (g)	1,20	2,97
Fett, insgesamt (g)	0,30	0,79
Kohlenhydrate (g)	17,99	6,33
Ballaststoffe, insgesamt (g)	4,90	3,30

Zucker, insgesamt (g)	4,80	0,85
Kalzium (mg)	36,00	138,00
Eisen (mg)	0,59	6,20
Magnesium (mg)	29,00	50,00
Phosphor (mg)	71,00	58,00
Kalium (mg)	375,00	554,00
Natrium (mg)	10,00	56,00
Zink (mg)	0,59	1,07
Kupfer (mg)	0,12	0,15
Mangan (mg)	0,56	0,16
Selen (µg)	1,80	0,10
Vitamin C (mg)	17,00	133,00
Thiamin (Vitamin B1) (mg)	0,09	0,09
Riboflavin (Vitamin B2) (mg)	0,05	0,10
Niacin (Vitamin B3) (mg)	0,70	1,31
Vitamin B6 (mg)	0,09	0,09
Folsäure (µg)	67,00	152,00
Vitamin B12 (µg)	0,00	0,00
Vitamin A (IE)	0,00	8424,00
Retinol (µg)	0,00	0,00
Vitamin E (µg)	1,49	0,75
Vitamin K (µg)	22,50	16400,00
Fettsäuren, gesättigte (g)	0,05	0,13
Fettsäuren, einfach ungesättigte (g)	0,11	0,29
Fettsäuren, mehrfach ungesättigte (g)	0,05	0,12
Cholesterin (mg)	0,00	0,00

Die Vergleiche hinken vielleicht ein biss-chen, weil wir immer ein wenig mehr Früchte und Wurzelgemüse als Blätter essen. Der Apfel und die Pastinake sollen auch nicht schlechtgemacht werden, sondern ich will Ihnen nur verdeutlichen, dass das Pflanzengrün nicht so wertlos ist wie bisher angenommen. Statt im Komposteimer landet es nun hoffentlich im Mixer!

Nährstoffdichten-Vergleich: Rote-Bete-Blätter versus Rote-Bete-Knolle

Victoria Boutenko machte in ihrem Buch *Green for Life* einige interessante Vergleiche zwischen den Blättern und der Knolle einer Roten Bete. Das macht klar, warum man das Grün nicht mehr ungeachtet wegwerfen sollte.[31]

Nährstoffvergleich bei der Roten Bete

100 Gramm Knolle des beliebten Wurzelgemüses treten gegen 100 Gramm Blätter an.

Vitamine Blätter

Vitamin C (mg)	30,0
Riboflavin (Vitamin B2) (mg)	0,22
Folsäure (µg)	15,00
Vitamin A (IE)	6326,00
Vitamin E (mg)	1,50
Vitamin K (mg)	400,00

Vitamine Knolle

Vitamin C (mg)	4,9
Riboflavin (Vitamin B2) (mg)	0,04
Folsäure (µg)	109,00
Vitamin A (IE)	33,00
Vitamin E (mg)	0,04
Vitamin K (mg)	0,20

Spurenelemente Blätter

Eisen (mg)	2,57
Kupfer (mg)	0,19
Selen (µg)	0,90

Spurenelemente Knolle

Eisen (mg)	0,80
Kupfer (mg)	0,08
Selen (µg)	0,70

Mineralstoffe Blätter

Kalzium (mg)	117,00
Magnesium (mg)	70,00
Kalium (mg)	762,00
Natrium (mg)	226,00

Mineralstoffe Knolle

Kalzium (mg)	16,00
Magnesium (mg)	23,00
Kalium (mg)	325,00
Natrium (mg)	78,00

Fazit

Der Hauptgrund, warum wir grüne Smoothies zubereiten und trinken, ist das blättrige Pflanzengrün, also dunkelgrünes Blattgemüse wie Mangold oder Spinat, dunkelgrünes Kohlgemüse wie Grünkohl, Palmkohl/Schwarzkohl oder Wirsing, grüne Salate wie Kopfsalat, Bataviasalat, Lollo bionda, Kräuter wie Petersilie oder Basilikum, Wildkräuter wie Löwenzahn oder Brennnessel, Blätter von Bäumen und Sträuchern wie Lindenblätter, Brombeerblätter, Hibiskusblätter oder Himbeerblätter, das Grün von Wurzelgemüse wie Rote-Bete- oder Karotten-Grün. Gemüse wie Brokkoli, Fenchel, Erbsen oder Artischocken zählt nicht zum blättrigen Pflanzengrün.

Das Pflanzengrün hat eine wesentlich höhere Nährstoffdichte als Früchte, Wurzelgemüse oder klassisches Gemüse, es enthält also jede Menge Vitamine, Mineralstoffe, Spurenelemente und sekundäre Pflanzenstoffe bei gleichzeitig wenig Kalorien. Statt einer Kalorienbombe ist es also eine Mikronährstoffbombe!

Das langfristige Ziel ist es, den Anteil des Pflanzengrüns in der Ernährung und in den Smoothies nach und nach zu erhöhen!

Obst-Smoothies und der »böse« Fruchtzucker

In den Medien stolpert man häufig über Berichte über Smoothies, in denen das Übermaß an Kalorien und »schädlichem« Fruchtzucker kritisiert wird. Da tauchen dann Überschriften auf wie »Krebs mag Zucker«, »Smoothies – wahre Kalorienbomben« oder »Grüne Smoothies – gefährlicher Küchentrend«. Dabei wird alles in einen Topf geworfen, industriell verarbeiteter Zucker und natürlicher Fruchtzucker, Obst-Smoothies und grüne Smoothies. Für viele Menschen entstehen so ein verzerrtes Bild und Unsicherheit. Sie haben Angst, dass Zucker Krebserkrankungen fördert und ihre Leber einen Schaden davon nimmt.

Viele fürchten, dass sie zunehmen, wenn sie Früchte essen oder Smoothies trinken. Im schlimmsten Fall wird der Obstverzehr reduziert oder komplett eingestellt.

Dabei wird vollkommen außer Acht gelassen, dass es einen großen Unterschied macht, ob es sich um einen Obst-Smoothie mit zugesetztem Fruchtkonzentrat oder einen grünen Smoothie mit ausschließlich frischen Bio-Zutaten handelt. Bei dem klassischen Obst-Smoothie aus dem Supermarkt kann es sich sogar um ein Industrieprodukt handeln. Denn diese werden für eine bessere Haltbarkeit kurz auf

75 bis 100 Grad Celsius erhitzt, wodurch Enzyme und Vitamine zerstört werden. Und manchmal werden tatsächlich Fruchtkonzentrate zugesetzt, damit sie süßer schmecken.

Zucker ist nicht gleich Zucker

Es gibt verschiedene Arten von Zucker (Kohlenhydraten). Beginnend bei Einfachzucker (zum Beispiel Traubenzucker, Fruchtzucker oder Schleimzucker) und Zweifachzucker (zum Beispiel Rübenzucker oder Rohrzucker), der aus Traubenzucker und Fruchtzucker besteht und den wir als Haushaltszucker kennen. Vielfachzucker wie Stärke ist in Kartoffeln, Reis, Getreide und Hülsenfrüchten enthalten.

	Beispiele	Bestehen aus	Kommen vor in
Einfach-zucker	Traubenzucker	–	Honig, Obst, Früchten, verarbeiteten Industrieprodukten
	Fruchtzucker	–	
	Schleimzucker	–	Milch
Zweifach-zucker	Rübenzucker (Rohrzucker)	Traubenzucker + Fruchtzucker	Milch, Haushaltszucker, Rohrzucker, Würfelzucker, Industrieprodukten, Fast Food, Mehlspeisen, Süßigkeiten
	Milchzucker	Traubenzucker + Schleimzucker	Milch
	Malzzucker	2 × Traubenzucker	
Mehrfach-zucker	–	–	künstlichen Zucker-mischungen, Energy-Drinks, Kohlenhydratkonzentraten (z. B. Müsliriegeln), Toast, Zwieback
Vielfach-zucker	Stärke	unter anderem auch aus Zweifachzuckern, welche nach dem Kochen frei werden, und darum schmecken die Lebensmittel danach auch süß	Reis, Kartoffeln, Getreide, Linsen, Bohnen, Gemüse (z. B. Karotten)
	Zellulose		grünem Blattgemüse

Die vielen verschiedenen Formen von Zucker wirken auf den ersten Blick verwirrend. Ich will Sie damit nicht überfordern, sondern Ihnen helfen zu verstehen, dass es nicht nur eine Form von Zucker gibt, wenn von Zucker gesprochen wird. Es sollte dabei immer erwähnt werden, um welchen Zucker in welcher Form aus welchem Lebensmittel es sich handelt.

In meiner Kindheit habe ich immer gern Lego gespielt. Besonders Ritterburgen haben es mir angetan und noch immer lagern Kartons mit verschiedenen Burgen bei meinen Eltern. Spielen wir daher ein bisschen Lego, um Licht in die chaotische Welt des Zuckers zu bringen. In den Kartons liegen viele verschiedene Legosteine, unter anderem blaue, gelbe und weiße. Bei Einfachzuckern handelt es sich um einzelne Steine. Der Traubenzucker ist ein einzelner blauer Baustein. Der Fruchtzucker ist ein gelber und der Schleimzucker ist ein weißer.

Wenn wir die Legosteine nicht zusammenbauen würden, wäre das Ganze ziemlich schnell langweilig. Auch der Natur war anscheinend langweilig, so gibt es nicht nur Einfachzucker, sondern auch Zweifachzucker, Mehrfachzucker und Vielfachzucker. Also unterschiedliche Kombinationen aus Einfachzuckern oder künstliche Kombinationen.

Ein Beispiel: Rübenzucker ist ein Zweifachzucker. Wir kennen ihn als Haushaltszucker oder Würfelzucker. Er besteht aus einem gelben (Fruchtzucker) und einem blauen Legostein (Traubenzucker). Stärke sind komplexe Kohlenhydrate, welche in Reis, Kartoffeln, Getreide, Linsen, Bohnen oder auch Karotten vorkommen. In der Lego-Welt sind das komplizierte Gebilde aus verschiedenen Bausteinen.

Wie wird der Zucker nun aufgenommen?

Unser Körper kann den Zucker nur in Form von Einfachzuckern, also einzelnen Legosteinen aufnehmen. Mehrfachzucker oder Vielfachzucker müssen demnach in Einfachzucker zerlegt werden, wobei das Zerlegen immer etwas Zeit in Anspruch nimmt. Sie kennen das bestimmt, manche Legoteile stecken besonders fest zusammen und man muss sich richtig anstrengen, um diese voneinander zu lösen. Der Körper hat ähnliche Mühe.

Besonders beim Vielfachzucker (Stärke) benötigt er viel Zeit zum Zerlegen. Erst nach und nach werden kleinere Bausteine frei. Darum gelangt der Zucker nur langsam ins Blut, wenn wir Reis, Kartoffeln, Getreide, Linsen oder Bohnen gegessen haben, und es erfolgt ein sanfter Anstieg des Blutzuckerspiegels. Sowohl der Trauben- als auch der Fruchtzucker in Früchten muss nicht mehr zerlegt werden. Es handelt sich hierbei um einzelne Bausteine, die sofort ins Blut übergehen können und damit für einen schnellen Anstieg des Blutzuckerspiegels sorgen.

(Frucht-)Zucker ist nicht böse

Zucker ist genauso wenig böse wie Fett. Der Körper braucht alles, jedoch nicht in rauen Mengen. Meistens nehmen wir jedoch den Großteil des Fruchtzuckers nicht in natürlicher Form über Früchte zu uns, sondern in verarbeiteter Form über verarbeitete Lebensmittel.

Verarbeiteter Zucker ist in Säften, Limonaden, Energy-Drinks, Süßigkeiten, Mehlspeisen, Fast-Food-Produkten, Fertigessen und Backerzeugnissen enthalten. Manchmal spricht man auch von verstecktem Zucker, das heißt, verarbeiteter Zucker steckt in Lebensmitteln, in denen man ihn nicht erwarten würde. Beispiele hierfür sind Balsamico-Essig, Fruchtjoghurt, Ketchup, Cornflakes (gezuckert), Müsli, Müsliriegel und Joghurt-Dressing. Ja, Sie vermuten richtig, eigentlich ist im Großteil des Supermarktsortiments in irgendeiner Form Zucker enthalten.

Der raffinierte Zucker schafft die Probleme

Unter Raffinieren versteht man ein technisches Verfahren zur Reinigung, Trennung und/oder Konzentration von Nahrungsmitteln. Der Haushaltszucker wird zum Beispiel aus Zuckerrüben oder Rohrzucker gewonnen, wobei alle anderen Mikronährstoffe bei der Verarbeitung vernachlässigt werden. Der weiße Zucker ist dann ein raffinierter Zucker, in dem nur noch Zucker und sonst nichts mehr enthalten ist – im Gegensatz zu frischen Früchten, in denen neben Zucker auch noch viele Vitamine, Mineralstoffe, sekundäre Pflanzenstoffe enthalten sind, die der Körper für einen natürlichen Zuckerstoffwechsel benötigt.

Beispiel: Das Vitamin B1 ist ein wichtiger Bestandteil im Stoffwechselprozess von Zucker und wird vom Körper nicht in größeren Mengen gespeichert. In stärkehaltigen Produkten wie Reis oder Kartoffeln kommt es natürlich vermehrt vor, da darin auch Zucker (in komplexer Form) enthalten ist. Raffinierter, weißer Zucker enthält das Vitamin B1 nicht mehr, wodurch der Körper beim Konsum von solchem auf seine Vorräte zurückgreifen und für den Abbau von Zucker verwenden muss. Eigentlich benötigt er sie für die Bildung und Weiterleitung von Nervenreizen. Bei einer ausgewogenen Ernährung nehmen wir genügend Vitamin B1 zu uns, sodass kein Mangel entsteht. Wie viele Menschen allerdings ernähren sich denn noch wirklich ausgewogen?

Fazit

(Verarbeitete) Obst-Smoothies aus dem Supermarkt sind nicht mit frischen Obst-Smoothies oder frischen grünen Smoothies zu vergleichen. Sollten Sie Lust auf einen Obst-Smoothie aus dem Supermarkt haben, dann schauen Sie auf das Etikett und überprüfen Sie, ob wirklich nur Früchte und keine Konzentrate enthalten sind. Bevorzugen Sie frische, direkt im Markt hergestellte Smoothies.

Des Weiteren gibt es aktuell keine wissenschaftlichen Belege für eine schädliche Wirkung von natürlichem Fruchtzucker in ganzen Früchten. Die negativen Schlagzeilen über Zucker gelten nur dem konsumierten raffinierten (industriell verarbeiteten) Zucker, wenn er im Übermaß aufgenommen wird.

Bei grünen Smoothies nehmen Sie natürlichen Zucker gemeinsam mit Vitaminen, Mineralstoffen, Spurenelementen und Ballaststoffen zu sich. Ungünstige Effekte für die Leber und den Stoffwechsel treten dabei nicht auf. Auch der Blutzuckerspiegel steigt langsamer an als bei Industrieprodukten.

Der Unterschied zu Säften

Vielleicht haben Sie bereits einen Entsafter zu Hause. In Großbritannien und auch in den USA ist das Entsaften gerade sehr populär. Saftkuren versprechen tolle Gewichtsverluste und klingen darum für ein großes Publikum sehr verlockend. Warum sollten wir jedoch die Zutaten besser mixen und nicht entsaften? In einem Saft stecken doch auch viele Vitamine und Mineralstoffe – oder nicht?

Die Vorteile von Mixen und Entsaften

Beide Zubereitungsvarianten – sofern sie zu Hause mit eigenen Geräten vollzogen werden – sind für Obst und Gemüse schonender als Backen, Braten oder Kochen. Viele hitzeempfindliche Vitamine werden dabei nämlich zerstört. Es gehen hier bis zu 50 Prozent Vitamin B1, bis zu 90 Prozent Folsäure und bis zu 80 Prozent Vitamin C verloren.[32]

Keine Sorge, das kurze, kraftvolle Mixen zerstört keine Vitamine. Wichtig ist nur, dass sich das Mixgut nicht über 42 Grad Celsius erhitzt.

So funktioniert das Entsaften

Beim Entsaften trennt das Gerät die festen von den flüssigen Bestandteilen. In der einfachsten Form handelt es sich um eine Saftpresse für Orangen oder Zitronen, wo der Saft durch Drehbewegungen aus dem Fruchtfleisch herausgequetscht wird. In einem Sieb sammelt sich das Fruchtfleisch und im Behälter darunter der Saft.

Technisch aufwendigere Geräte wie Zentrifugalentsafter schaffen es dann sogar, härtere Gemüsesorten wie Rote Bete (Rote Rüben) oder Karotten zu entsaften. Dabei läuft dann auf der einen Seite der Saft (die flüssigen Bestandteile) raus und auf der anderen Seite sammelt sich der sogenannte Trester (die festen Bestandteile).

Wirkung von Säften

Säfte sind sehr leicht verdaulich und die Nährstoffe gehen schnell in das Blut über. Der Körper benötigt kaum Energie für die Verdauung. Somit sind Säfte ein hervorragendes Mittel, um die Verdauungsorgane zu entlasten, sollten diese durch Erkrankungen angeschlagen sein.

Allerdings steigt der Blutzuckerspiegel zu schnell an, wenn man ausschließlich Früchte entsaftet oder ein Saftrezept zu viele Früchte enthält. Dieser Effekt lässt sich leider durch langsames Trinken nicht mehr wettmachen. Es kommt zu einer übermäßigen Insulinausschüttung, woraufhin der Blutzuckerspiegel nach ein bis zwei Stunden unter den Ausgangswert abfällt. Im Fachjargon heißt dies Hypoglykämie und wurde bei einer Studie mit Apfelsaft nachgewiesen.[33] Die Folge ist erneute Lust auf etwas Süßes oder im schlimmsten Fall eine Heißhungerattacke.

Tipp

Haben Sie Lust auf einen Saft? Dann verwenden Sie vorwiegend Gemüse mit Pflanzengrün ohne Früchte. Im Gegensatz zum Smoothie kann für den Saft Wurzelgemüse wie Karotten, Rote Bete (Rote Rübe) oder Knollengemüse ebenfalls entsaftet werden. Der Grund: Die Stärke (langkettige Kohlenhydrate) landet mit den festen Bestandteilen im Tresterbehälter. Beim Smoothie bleibt sie erhalten und würde sich mit den Einfachzuckern in die Quere kommen.

Nachteile von Säften

Viele Nährstoffe sitzen direkt an der Zellulose, das ist der Hauptbestandteil der pflanzlichen Zellwände. Diese landen beim Entsaften zuerst im Trester- behälter und dann im Mülleimer. Sie nutzen damit nicht die volle Kraft der Pflanze. Aufgrund der fehlenden festen Stoffe sind die Säfte zu guter Letzt auch weniger sättigend.

Fazit

Bei grünen Smoothies mixen wir die ganzen Zutaten in einem Behälter zu einer sämigen Konsistenz. Es entsteht kein beziehungsweise nur sehr wenig Abfall. Durch die große Menge an enthaltenen Ballaststoffen fördert der grüne Smoothie die Verdauung, der Blutzuckerspiegel steigt nur langsam an, der Smoothie sättigt und liefert Energie. Sie können mit grünen Smoothies daher leicht eine Zwischenmahlzeit oder Ihr Frühstück ersetzen.

Säfte, insbesondere mit Gemüse und Pflanzengrün, sind jedoch nicht per se schlecht, sondern eignen sich im Alltag mehr als Alternative zu Tee und Wasser. Vermeiden Sie hingegen Fruchtsäfte oder verwenden Sie beim Entsaften nur wenige Fruchtzutaten, da die Blutzuckerkurve ansonsten zu schnell ansteigt und danach stark abfällt, was Heißhungerattacken auslösen kann.

Zusammenfassung: Die wichtigsten Fakten über grüne Smoothies

Hier trage ich noch einmal die wichtigsten Fakten der bisherigen Kapitel zusammen, damit Sie diese wirklich verinnerlichen. Sollten Sie zu einem späteren Zeitpunkt das Buch erneut aufschlagen, so können Sie Ihr Wissen schnell über diese Zusammenfassung auffrischen.

1. Jede Menge Obst und Gemüse

Grüne Smoothies sind besonders für Menschen geeignet, die Mühe haben, genügend Obst oder Salat zu sich zu nehmen. Grüne Smoothies helfen, den täglichen Obst- und Gemüsekonsum auf einfache und leckere Art und Weise zu steigern.

Mit nur 1 Liter grünem Smoothie nehmen Sie daher bereits eine Portion Gemüse und drei Portionen Früchte, also insgesamt vier der sieben empfohlenen Tagesportionen, zu sich.

2. Enorm vitalstoffreiche Mahlzeit

Grüne Smoothies sind eine Mahlzeit mit vielen Mikronährstoffen. Dadurch führen Sie Ihrem Körper ein breites Spektrum an wichtigen Vitaminen, Mineralstoffen, Spurenelementen und sekundären Pflanzenstoffen zu, die er für alle Stoffwechselvorgänge benötigt. Mit nur 1 Liter decken Sie bereits den Großteil des empfohlenen Tagesbedarfes an wichtigen Mikronährstoffen.

Einzige Voraussetzung: Eine funktionierende Verdauung. Denn entscheidend ist, dass die Mikronährstoffe auch im

kommt. Durch das Kauen allein, auch intensives Kauen, kann nicht der gleiche Effekt erzielt werden.

Auch wenn wir kraftvoll mixen, werden die Zutaten dabei nicht erhitzt. Alle Vitamine, Mineralstoffe, Spurenelemente und sekundären Pflanzenstoffe bleiben so in vollem Umfang enthalten. Speziell Vitamine sind extrem hitzeempfindlich und werden durch starkes Erhitzen beim Kochen oder Backen zum Teil zerstört.

4. Schnelle und einfache Zubereitung in nur zehn Minuten

Ein grüner Smoothie ist kinderleicht hergestellt. Einfach das Obst klein schneiden und gemeinsam mit dem Pflanzengrün in den Mixer geben. Die untere Hälfte des Mixerbehälters füllt man mit Früchten. Die obere Hälfte mit Pflanzengrün wie Salat oder Babyspinat. Abschließend gießt man Wasser auf, bis die Früchte unter Wasser stehen. Innerhalb von nur zehn Minuten können Sie so ein bis zwei Mahlzeiten für den Tag vorbereiten.

Blutkreislauf landen und bei den Zellen ankommen. Erst dann profitiert Ihr Körper davon!

3. Optimale Nährstoffaufnahme und schonende Zubereitung

In unserer westlichen Stressgesellschaft nehmen wir uns wenig Zeit zum Essen und Kauen. Beim grünen Smoothie übernimmt der Mixer die Aufgabe des Kauens für Sie. Dadurch werden die Verdauungsorgane entlastet. Weiters zerstört das Mixen die Zellwände und zerkleinert die Nahrungsteilchen so stark, dass es zu einer vermehrten Freisetzung bestimmter Mikronährstoffe

5. Ausgezeichneter Geschmack

Die Kombination von Obst mit Pflanzengrün und Salaten macht den grünen Smoothie sehr schmackhaft und leicht bekömmlich. Die Zeit von eintönigen und bitteren Salaten ist somit vorbei.

6. Das mächtige Pflanzengrün

Das beste Argument, grüne Smoothies zuzubereiten und zu trinken, steckt in dem blättrigen Pflanzengrün, also im dunkelgrünen Blattgemüse wie Mangold oder Spinat, im dunkelgrünen Kohlgemüse wie Grünkohl, Palmkohl/Schwarzkohl oder Wirsing, in grünen Salaten wie Kopfsalat, Bataviasalat, Lollo bionda, in Kräutern wie Petersilie oder Basilikum, in Wildkräutern wie Löwenzahn oder Brennnessel, in Blättern von Bäumen und Sträuchern wie Lindenblättern, Brombeerblättern, Hibiskusblättern oder Himbeerblättern, im Grün von Wurzelgemüse wie Rote-Bete-Grün oder Karottengrün. Gemüse wie Brokkoli, Fenchel, Erbsen oder Artischocken zählt nicht zum blättrigen Pflanzengrün!

Das Pflanzengrün hat eine wesentlich höhere Nährstoffdichte als Früchte, Wurzelgemüse oder klassisches Gemüse. Es enthält viele Vitamine, Mineralstoffe, Spurenelemente und sekundäre Pflanzenstoffe bei gleichzeitig wenig Kalorien. Statt einer Kalorienbombe ist es also eine Mikronährstoffbombe!

Das langfristige Ziel ist es, den Anteil des Pflanzengrüns in der Ernährung und den Smoothies nach und nach zu erhöhen.

7. Natürlicher Fruchtzucker ist nicht schädlich

Es gibt aktuell keine wissenschaftlichen Belege für eine schädliche Wirkung von natürlichem Fruchtzucker in ganzen Früchten. Ein im Übermaß konsumierter raffinierter (industriell verarbeiteter) Zucker sorgt für die negativen Begleiterscheinungen, die ihm üblicherweise zugesprochen werden.

(Verarbeitete) Obst-Smoothies aus dem Supermarkt sind daher nicht mit frischen Obst-Smoothies oder frischen grünen Smoothies zu vergleichen.

Bei grünen Smoothies nehmen Sie natürlichen Zucker gemeinsam mit Vitaminen, Mineralstoffen, Spurenelementen und Ballaststoffen zu sich. Ungünstige Effekte für Leber und Stoffwechsel treten dabei nicht auf. Der Blutzuckerspiegel steigt deutlich langsamer an als bei Industrieprodukten.

8. Schneller Energielieferant – keine Müdigkeit nach dem Essen

Das Obst im Smoothie liefert schnell verfügbaren Traubenzucker, welcher bereits im Mund über die Schleimhäute aufgenommen wird. Der Zucker beseitigt Ihre Morgenmüdigkeit und liefert

äußerst schnell Energie für die Arbeit. Auch nach einer größeren Menge grünem Smoothie werden Sie keine Müdigkeitserscheinungen wahrnehmen. Denn der Körper muss nur ein Minimum an Energie für die Verdauung aufwenden.

9. Abwechslung und vielfältige Möglichkeiten der Zusammenstellung

Die Zubereitung und Zusammenstellung der grünen Smoothies wird niemals langweilig. Ihrer Kreativität sind keine Grenzen gesetzt. Man kann viele verschiedene Obst- und Salatsorten je nach Saison und regionaler Verfügbarkeit miteinander kombinieren. Daraus kann man schmackhafte flüssigere Smoothies sowie dickflüssigere Puddings und Suppen zum Löffeln zaubern.

10. Weniger Abfall, mehr Sättigung

Bei grünen Smoothies mixen wir die ganzen Zutaten in einem Behälter zu einer sämigen Konsistenz. Es entsteht kein beziehungsweise nur sehr wenig Abfall. Durch die große Menge an enthaltenen Ballaststoffen fördert der grüne Smoothie die Verdauung, der Blutzuckerspiegel steigt langsamer an, er sättigt mehr und liefert länger Energie. Sie können mit grünen Smoothies daher leicht eine Zwischenmahlzeit oder Ihr Frühstück ersetzen.

GRÜNE SMOOTHIES

in sechs einfachen Schritten

Ich will Sie in den folgenden Kapiteln an der Hand nehmen und durch den Prozess begleiten. Sie lernen in sechs einfachen Schritten, wohlschmeckende grüne Smoothies zu mixen. Zuerst gebe ich Ihnen einen kurzen Überblick, was Sie in den folgenden sechs Kapiteln erwartet.

Schritt 1: Equipment vorbereiten

Hier gehen wir kurz auf die wichtigsten Utensilien bei der Herstellung von grünen Smoothies ein. Außerdem erkläre ich, auf was Sie beim Kauf eines Mixers unbedingt achten sollten.

Schritt 2: Zutaten auswählen

Welche Zutaten sind für grüne Smoothies geeignet und welche Zutaten sollten Sie vor allem als Einsteiger meiden? Als Hilfestellung stehen übersichtliche Listen für Sie bereit.

Schritt 3: Zutaten besorgen

Ärgern Sie sich, dass im Supermarkt nie wirklich frische Zutaten erhältlich sind? Dann stelle ich hier einige Ideen vor, wie Sie kostengünstig frische Zutaten bekommen können.

Schritt 4: Lagerung

Die Lagerung der Zutaten und der grünen Smoothies nehmen wir in diesem Kapitel genauer unter die Lupe, damit möglichst wenig Nährstoffe verloren gehen.

Schritt 5: Zubereitung

Haben Sie einen leistungsschwächeren Haushaltsmixer, setzen sich die flüssigen und die festen Bestandteile ab oder schäumt es bei der Zubereitung? Passende Tipps gibt es in diesem Kapitel.

Schritt 6: Genuss

Warum sollte man grüne Smoothies nicht trinken? Das ist die große Frage, die wir in diesem Kapitel besprechen.

Schritt für Schritt erkläre ich Ihnen, wie Sie den grünen Smoothie konsumieren, sodass Sie ihn gut vertragen und die volle Gesundheitswirkung erfahren.

1

Schritt 1: Equipment vorbereiten

Okay, starten wir mit dem ersten der sechs Schritte und sprechen über die benötigte Ausstattung. Im Internet ist vor allem das Thema Mixer heiß diskutiert. Welcher Mixer ist der beste und benötigt man wirklich einen Hochleistungsmixer? Die ständig neuen Produkte und Hersteller machen die Entscheidung auf jeden Fall nicht leichter. Steigen wir gleich ein.

Ein Pürierstab ist nicht ausreichend

Um eins gleich am Anfang klarzustellen: Ein Pürierstab mit einer Leistung von 300 bis 600 Watt ist für die Herstellung von Shakes, Soßen oder Suppen konzipiert. Kleine und weiche Zutaten lassen sich damit gut zerkleinern. Bei größeren, härteren Stücken oder faserhaltigem Pflanzengrün sieht es eher traurig aus.

Man muss die Zutaten vorher sehr klein schneiden und man benötigt mehr Wasser, als eigentlich notwendig wäre. Die Zubereitung dauert wesentlich länger und die Menge ist aufgrund des kleineren Behälters stark begrenzt. Zur Herstellung von 1,5 Litern Smoothie müsste man eine Zubereitungszeit von fünf bis zehn Minuten ansetzen. Dies ließe sich mit einem Standmixer in einer Minute erledigen.

Der größte Nachteil entsteht meiner Meinung nach beim Geschmack. Auf der einen Seite mangelt es an der cremigen Konsistenz und man erfährt auf der Zunge nicht dieses typisch weiche Smoothie-Gefühl, weil noch viele größere Pflanzenstücke darin herumschwimmen. Auf der anderen Seite fehlt es an der Geschmacksintensität, was wahrscheinlich mit der unzureichenden Freisetzung der Geschmacksstoffe beziehungsweise sekundären Pflanzenstoffe zu tun haben dürfte.

Vergleichstabelle zwischen den verschiedenen Gerätetypen

	Pürierstab	Küchenmixer/ Haushaltsmixer	Hochleistungsmixer
Preis	15–60 €	30–150 €	200–900 €
Leistung	300–600 Watt	350–1400 Watt	1000–1680 Watt
Umdrehungen/ Minute	–	bis 24 000	23 000–38 000
Anwendungs- gebiet	Suppen, Soßen, (Milch-) Shakes	Grüne Smoothies (mit »weichen Zutaten«, zum Beispiel Salaten und Spinat), Frucht-Smoothies, Cocktails (inkl. Zerkleinern von Eis), Suppen, Soßen, Pestos, Dips	Grüne Smoothies (mit allen Zutaten inkl. Wildkräutern, Kohl und Kernen), Frucht-Smoothies, Cocktails (inkl. Zerkleinern von Eis), Pestos, Dips, Desserts, Cremes, (heiße) Suppen, Soßen, vegane Milch, Nussmus, Nuss- und Getreidemehl, Eis
Gefäß-/ Behältergröße	250–500 ml	1 l bis 2 l, meistens 1,5 l	1,5 l bis 2 l, meistens 2 l
Stößel	Nein	Nein	Ja
Programm- automatik	Nein	Nein	Ja, teilweise

Pürierstab versus Küchenmixer

Der wesentliche Unterschied zwischen dem Pürierstab und dem Küchenmixer ist der Behälter. Beim Küchenmixer entsteht eine Sogwirkung, wodurch das Mixgut viel besser und häufiger auf die Messer trifft. Dadurch wird das Ergebnis cremiger und geschmacksintensiver. Ebenso ist die Zubereitung um einiges einfacher und schneller, weil man den Küchenmixer nur einschalten muss. Der Mixer erledigt den Rest. Bei der Zubereitung mit dem Pürierstab ist man die ganze Zeit aktiv.

Küchenmixer versus Hochleistungsmixer

Der wesentliche Unterschied ist die Leistung. Auch wenn einige günstige Küchenmixer im Preisbereich von 150 bis 250 Euro aufgrund der Leistungskennzahlen den Eindruck erwecken, das gleiche Ergebnis wie teurere Markengeräte zu erbringen, ist das in der Regel nicht der Fall.

Hochleistungsmixer besitzen außerdem einen größeren Behälter (oft für 2 Liter) und sind mit einem Stößel ausgestattet, wodurch Sie während des Mixvorgangs im Mixbehälter das Mixgut nach unten drücken können. Dieser Stößel ist unerlässlich für cremige Zubereitungen wie Nussmus, Eis oder Dips. Für Rohkost-

begeisterte wurde bei manchen Geräten sogar eine Temperaturanzeige in den Stößel eingebaut, sodass sich der Grad der Erwärmung während des Mixens kontrollieren lässt. Dies ist hilfreich, wenn man zum Beispiel eine angewärmte Suppe zaubern will. Mit einem Zusatzbehälter (Trockenbehälter) lassen sich sogar alle möglichen Nüsse, Getreidesorten oder getrocknete Kräuter fein vermahlen.

Die Vorteile eines Hochleistungsmixers

- Mehr Power unter der Haube – bis zu 1680 Watt!
- Größerer Behälter: Sie können größere Portionen zubereiten.
- Ein Stößel: Das »Nachuntendrücken« wird vereinfacht.
- Höherer Bedienkomfort durch eine Programmautomatik
- Feinere, sämigere Konsistenz

Fazit

Ein Hochleistungsmixer lässt sich für ein breiteres Anwendungsspektrum einsetzen. Nicht nur grüne Smoothies kann man damit machen, sondern auch diverse Desserts und Cremes, Pestos und Dips, (heiße) Suppen und Soßen, vegane Milch, Nussmus, Nuss- und Getreidemehl und sogar Eis. Der leistungsstarke Motor ermöglicht ein enorm kraftvolles Mixen. Durch den größeren Behälter lassen sich locker 1,5- bis 1,75-Liter-Portionen in einem Durchgang herstellen. Die Geräte sind hochwertig verarbeitet und bestehen aus Qualitätsbauteilen. Auch der Bedienkomfort hebt sich durch eine Programmautomatik ab, die Ihnen Arbeit abnimmt.

Die Wahl des richtigen Mixers

Oft bekomme ich das Argument zu hören, der Pürierstab oder Haushaltsmixer sei stark genug, der bekomme alles klein. Warum solle man sich ein teureres Gerät zulegen?

Lassen Sie es mich so erklären. Theoretisch kommen Sie mit jedem Auto überall hin. Es ist nur eine Frage, wie schnell, mit wie viel Komfort und über welche Strecken. Beim Autokauf hat jeder andere Bedürfnisse. Manche Menschen bevorzugen schnelle Autos, einige eher Geländeautos, viele stehen auf Kombis mit viel Stauraum, andere auf Autos mit Tempomat und anderem Zubehör, welches das Autofahren komfortabler macht. Die Quintessenz daraus ist, dass es kein Auto gibt, das allen Ansprüchen aller Menschen gerecht werden wird.

Für die Wahl des Mixers gilt das Gleiche. Eine generelle Empfehlung zu geben ist unmöglich, daher sollten Sie sich vor der Anschaffung auf jeden Fall folgende Fragen stellen:

- Wie viel Geld bin ich bereit auszugeben? 50 oder 900 Euro?
- Was will ich mit dem Mixer zubereiten? Nur grüne Smoothies? Oder auch Frucht-Smoothies, Suppen und Soßen, Cremes und Desserts, Pestos und Dips, Eis, Cocktails, Nussmus und Getreidemehl?
- Wie oft will ich den Mixer verwenden? Einmal pro Woche, mehrmals pro Woche, täglich oder mehrmals täglich?
- Was ist mir wichtig? Preis-Leistungs-Verhältnis, Verarbeitung, Garantie beziehungsweise Langlebigkeit, Aussehen und Design, Bedienung und Ausstattung oder die Qualität des Mixergebnisses?

Kann man Mixer anhand der Leistungskennzahlen vergleichen?

Am häufigsten wird bei Mixern mit der Leistung und den Umdrehungszahlen pro Minute geworben. Die Leistung in Watt wird dabei mit der Stärke des Motors gleichgesetzt, ähnlich wie die PS beim Auto. Je mehr PS unter der Haube stecken, umso schneller fährt das Auto. Die Umdrehungszahlen pro Minute stehen ebenfalls im Kontext der Leistung und geben die Umdrehungsgeschwindigkeit der Messer im Behälter an, also wie schnell sich die Messer pro Minute um die eigene Achse drehen. Man ist geneigt zu denken: Je schneller sich die Messer drehen, umso besser und feiner wird das Mixergebnis. Dem ist nicht immer so.

Warum hinkt der Vergleich mit der Leistung und den Umdrehungszahlen zwischen verschiedenen Mixern? Stellen Sie sich folgendes Szenario vor: Ein Autohersteller misst die Leistung des Motors direkt auf der Straße mit Reibungswiderstand. Der Konkurrent misst sie ohne Reifen auf der Hebebühne und ein Dritter auf dem genormten Leistungsprüfstand. Wäre ein Vergleich dieser Kennzahlen dann sinnvoll? Wahrscheinlich eher nicht.

Diese Situation herrscht derzeit am Mixermarkt. Es gibt kein genormtes Verfahren zur Messung der Leistung und der Umdrehungszahlen. Oft wird die Leistung als Leistungsaufnahme am Peak, also kurz vor dem Überhitzen und Abschalten, angegeben. Diese Leistung und diese Umdrehungszahlen werden im Normalbetrieb nie erreicht. Manchmal wird auch ohne Mixbehälter und Mixgut, ja sogar ohne Gehäuse gemessen.

Aus diesen Zahlen lassen sich kaum Rückschlüsse auf das Mixergebnis ziehen, vor allem wenn man ähnliche Geräte im ähnlichen Preissegment vergleichen möchte. Aussagekräftiger wäre zum Beispiel die Angabe der Umdrehungen pro Minute mit aufgesetztem Mixbehälter und 1 Liter Wasser.

Die Bedeutung der Behälterform und der Messer

Die Formel-1-Autos sehen auf den ersten Blick etwas komisch aus – der Grund für ihr windschnittiges Design ist der Luftwiderstand. Sie wurden dahin gehend optimiert, dass beim Fahren möglichst wenig Luftwiderstand entsteht.

Die Folge ist, dass das Auto mit gleicher Leistung schneller fährt. Angenommen, ein Mittelklassewagen hätte die gleichen PS wie ein Formel-1-Auto, so wäre das Formel-1-Auto dennoch wesentlich schneller.

Auf was will ich hinaus? Am Ende des Tages zählen in der Formel 1 nur die Rundenzeiten. Die Konstrukteure und Fahrer unternehmen alles Menschenmögliche, um diese zu verbessern. Sie verbessern nicht nur den Motor, sondern auch die Aerodynamik.

Bei einem Mixer geht es nur um die Qualität des Mixergebnisses, darum, wie fein es in verschiedenen Anwendungsfällen wird. Die Leistung und die Umdrehungszahlen haben einen großen Einfluss darauf, aber sind nicht – wie gemeinhin angenommen – ausschließlich dafür verantwortlich.

Der Behälter und die Messer spielen ebenfalls eine wichtige Rolle. Der Behälter sorgt mit seiner Form dafür, dass die Sogwirkung stärker wird und die Messer häufiger auf das Mixgut treffen. Schauen Sie am besten direkt in den Mixbehälter, um dieses Phänomen zu beobachten.

Die Stärke der Sogwirkung spielt bei sehr flüssigen Substanzen oder Suppen noch nicht so eine große Rolle, aber bei einem cremigen, dickflüssigen Mixgut sehr wohl. Hier gehen viele Küchenmixer in die Knie, vor allem wenn man den Behälter zusätzlich bis oben hin vollfüllt.

Bei besseren Mixern sind die Messer etwas breiter und flacher gestellt. Dadurch wird eine höhere Geschwindigkeit an den Außenkanten erreicht, die Messer knallen mit einer höheren Wucht auf das Mixgut und splitten die Pflanzenfasern besser auf. Deswegen hilft es auch nicht oder nur bedingt, mit schlechteren Mixern einfach eine Runde länger zu mixen. Das Mixergebnis wird dann auch nicht mehr besser.

Fazit

Mixer anhand der Leistungskennzahlen in Form von Watt und Umdrehungen pro Minute zu vergleichen hat nur Sinn, wenn sie zumindest gleiche Behältergröße besitzen und die Messung auf einem genormten Leistungsprüfstand erfolgt. Solange das nicht der Fall ist, kann nur das endgültige Mixergebnis im entsprechenden Anwendungsfall als Vergleichskriterium dienen. Ich empfehle Ihnen, wenn irgendwie möglich, den Mixer vor dem Kauf persönlich zu testen.

Sind Hochleistungsmixer aus gesundheitlichen Gründen notwendig?

Häufig wird der gesundheitliche Aspekt ins Spiel gebracht. Die Pflanzenzellen werden bei Hochleistungsmixern (im Vergleich zu Küchenmixern) viel feiner aufgespalten, dadurch werden mehr Nährstoffe freigesetzt und der Körper kann mehr davon aufnehmen. Kurz, die Bioverfügbarkeit der Nährstoffe in den Früchten und im Pflanzengrün wird erhöht.

Aufgrund ausgefuchster Marketingstrategien mancher Hersteller wird der Eindruck erweckt, Chlorophyll und die anderen Nährstoffe würden ausschließlich beim Mixen in einem Hochleistungsmixer freigesetzt werden. Dies ist nicht ganz der Fall, denn bereits das Zerhacken, Zerdrücken, Pürieren und Mixen mit einem leistungsschwachen Mixer kann die Nährstoffaufnahme bestimmter Nährstoffe erhöhen.

Aktuell ist mir persönlich keine unabhängige wissenschaftliche Untersuchung bekannt, die die Unterschiede der Nährstofffreisetzung und Größe der Pflanzenteilchen nach dem Mixen zwischen Geräten mit unterschiedlich hoher Leistung aufzeigt. Es würde Sinn ergeben, wenn die Pflanzenteilchen nach dem Hochleistungsmixen kleiner sind als nach einem Mixen in einem gewöhnlichen Küchenmixer, allerdings ist nicht klar, wie hoch der Unterschied wirklich ist und ob dieser Gesichtspunkt die Anschaffung eines Hochleistungsmixers rechtfertigen würde.

Vielleicht sind die Unterschiede gar nicht so groß wie gemeinhin angenommen. Wir dürfen gespannt sein, was zukünftige Untersuchungen für Erkenntnisse hervorbringen. Ich werde auf meinem Blog berichten, sobald mir neue Fakten vorliegen.

Was können Küchenmixer leisten?

Küchenmixer sind nicht pauschal ungeeignet für grüne Smoothies, wie häufig propagiert wird. Sie können auf jeden Fall damit beginnen, wenn Sie bereits einen besitzen oder Ihr Budget nicht so groß ist. Wichtig ist schließlich nur, dass Sie anfangen, grüne Smoothies zu trinken, egal, mit welchem Mixer Sie diese hergestellt haben.

Wenn einer oder mehrere folgender Umstände vorliegen, reicht es vollkommen, mit einem Küchenmixer zu arbeiten:

- Sie mixen häufig kleinere Portionen von 0,5 bis 1 Liter.
- Sie verwenden vorwiegend faserarme Grünzutaten wie Blattsalate, Spinatgemüse wie Mangold und Babyspinat oder Feldsalat.
- Sie verwenden den Mixer nur gelegentlich, nicht mehr als zwei- bis dreimal pro Woche.
- Sie planen, den Mixer nur für Flüssiges wie Frucht-Smoothies, grüne Smoothies und Suppen einzusetzen.
- Ihnen ist der Bedienkomfort weniger wichtig und Sie benötigen weder Programmautomatik noch Stößel.

Wann ist die Anschaffung eines Hochleistungsmixers sinnvoll?

Die Investition in ein hochwertiges Gerät hat vor allen Dingen dann Sinn, wenn eine oder mehrere der folgenden Bedingungen erfüllt sind:

- Sie mixen häufig größere Portionen von 1 bis 1,75 Liter.
- Sie wollen, auch wenn keine klaren Zahlen vorliegen, die maximale Nährstofffreisetzung aus den Pflanzenzellen sicherstellen.
- Sie möchten eine sehr sämige, wohlschmeckende Konsistenz erreichen.
- Sie mixen häufiger grüne Smoothies mit stark faserhaltigen Zutaten wie Wildkräutern, Kohlgemüse oder Karottengrün.
- Sie verwenden den Mixer sehr häufig (circa fünf- bis zehnmal pro Woche).
- Sie planen, ihn auch für Eis, Nussmus, vegane Milch, Pestos, Dips oder Cremes und Desserts einzusetzen.
- Ihnen sind Qualität, Langlebigkeit sowie ein hoher Bedienkomfort wie zum Beispiel eine Programmautomatik oder ein Stößel wichtig.

Fazit

Verwenden Sie keinen Pürierstab zum Mixen von grünen Smoothies und vergleichen Sie Standmixer nicht anhand der Leistungskennzahlen wie Watt oder Umdrehungen pro Minute. Überzeugen Sie sich vor dem Kauf am besten durch persönliche Tests in den gewünschten Anwendungsgebieten. Prinzipiell können Sie mit jedem Standmixer einen grünen Smoothie herstellen, wenn zum Teil auch nur in eingeschränkter Form. Es muss nicht immer ein Hochleistungsmixer sein, überlegen Sie sich daher genau, wie oft und für was Sie den Mixer einsetzen wollen und wie viel Sie dafür ausgeben möchten. Am wichtigsten ist, dass Sie mehr Smoothies trinken, egal mit welchem Standmixer.

Checkliste: Dieses Equipment benötigen Sie für die Zubereitung

Bevor es mit der Zubereitung losgeht, überprüfen Sie, ob Sie dieses Equipment zu Hause haben:

- ein Holzbrett, am besten unbehandelt,
- ein großes scharfes Küchenmesser, am besten aus Keramik,
- ein kleines scharfes Küchenmesser, am besten aus Keramik,
- einen Salatseiher zum Reinigen von Pflanzengrün,
- Glasflaschen mit einem breiten Flaschenhals oder Einmachgläser; diese dienen zum Transport und zur Lagerung von grünen Smoothies,
- einen Standmixer oder Hochleistungsmixer,
- eine Küchenwaage zum Abwiegen der Zutaten.

Hinweis

Auf meiner Website *www.gruene-smoothies.info* finden Sie stets aktuelle Informationen und konkrete Produktempfehlungen zum Equipment und zu Mixern!

2

Schritt 2: Zutaten auswählen

Im zweiten Schritt beschäftigen wir uns mit der Frage: Welche Zutaten sind optimal für grüne Smoothies geeignet?

Die 40 besten Zutaten für Einsteiger

Zu Beginn beschränken wir uns auf einen kleineren Kreis an Zutaten, da der Geschmack und die einfache Verfügbarkeit im Vordergrund stehen. Als Neueinsteiger empfehle ich Ihnen, auf den ganzen Schnickschnack wie Superfoods, Süßungsmittel und Wildkräuter vorerst zu verzichten. Lernen wir stattdessen grüne Smoothies von der Pike auf. Hier kommen meine Hitlisten der besten 40 Zutaten, mit denen Ihnen in den nächsten drei Monaten garantiert nicht langweilig wird:

Top 10 des beliebtesten Pflanzengrüns

1. Babyspinat oder junger Blattspinat
2. Feldsalat/Vogerlsalat/Nüsslisalat
3. Postelein
4. Portulak
5. Kopfsalat/Häuptelsalat
6. Römersalat/Romanasalat
7. Mangold
8. (Grüner) Bataviasalat
9. Eichblattsalat
10. Lollo bionda

Top 27 der beliebtesten Fruchtzutaten

1. Äpfel
2. Bananen
3. Birnen
4. Erdbeeren
5. Mangos
6. Orangen/Apfelsinen
7. Pfirsiche
8. Heidelbeeren/Blaubeeren
9. Weintrauben
10. Ananas
11. Avocados
12. Gurken
13. Himbeeren
14. Brombeeren

15. Kiwis
16. Kirschen
17. Marillen/Aprikosen
18. Nektarinen
19. Zwetschgen/Pflaumen
20. Ribisel/Johannisbeeren
21. Stachelbeeren

22. Granatäpfel
23. Mandarinen
24. Grapefruits
25. Zitronen
26. Tomaten
27. Rote Paprika

Top 3 der beliebtesten Flüssigkeiten

1. Quellwasser
2. Leitungswasser
3. Stilles Mineralwasser

Zutaten für fortgeschrittene Grüne-Smoothies-Trinker

Sollten Sie bereits mehrere Monate grüne Smoothies trinken, so finden Sie hier erweiterte Listen mit Zutaten, die ebenfalls für grüne Smoothies geeignet sind. Verwenden Sie diese Zutaten allerdings erst, wenn Sie grüne Smoothies mit den Einsteigerzutaten ohne Probleme vertragen. Je mehr unterschiedliche Zutaten Sie verwenden, umso »schwerer« wird der Smoothie und die Gefahr von Verdauungsproblemen steigt.

Geschmacksintensive Grünzutaten

Alle hier genannten Zutaten schmecken intensiv. Starten Sie mit kleineren Mengen, zum Beispiel einer kleinen Handvoll.

Kohl

- Federkohl/Grünkohl
- Palmkohl/Schwarzkohl
- Pak Choi/Senfkohl
- Wirsing
- Mizuna (japanischer Blattkohl)

Blätter von Wurzelgemüse

- Kohlrabiblätter
- Radieschenblätter
- Rettichblätter
- Sellerieblätter
- Karottengrün
- Das Grün der Fenchelknolle
- Zucchiniblätter
- Rote-Bete-Blätter

Bittere Wintersalate

- Endiviensalat

Scharfe Salate

- Rucola/Rauke

Ausführliche Liste von Fruchtzutaten

Kernobst (die Schale und das Kerngehäuse mitverzehren)

- Äpfel
- Birnen

Steinobst (nur reif ernten – reift nicht mehr nach)

- Kirschen
- Marillen/Aprikosen
- Pfirsiche
- Nektarinen
- Zwetschgen/Pflaumen

Beerenobst (nur reif ernten – reift nicht mehr nach)

- Erdbeeren
- Heidelbeeren/Blaubeeren
- Himbeeren
- Brombeeren
- Preiselbeeren
- Weintrauben
- Ribisel/Johannisbeeren
- Maulbeeren
- Moosbeeren/Cranberrys
- Stachelbeeren

Exotische Früchte/Tropenfrüchte

- Ananas (Schale und inneren Strunk entfernen)
- Bananen (Schale entfernen)
- Granatäpfel (die bitteren Innenwände nicht mitverzehren)
- Kiwis (bei Bio-Kiwis können Sie die Schale mitessen)

Zitrusfrüchte (ohne Schale)

- Mandarinen
- Clementinen
- Orangen/Apfelsinen
- Grapefruits
- Limetten
- Zitronen
- Mangos (Schale und Kern entfernen)
- Papayas (nur wenig von den scharfen Kernen verwenden)

Fruchtgemüse

- Tomaten
- Gurken
- Avocados
- Zucchini
- Paprika (nur reife rote Paprika)

Süßungsmittel

Tipp: Wenn Ihnen der Smoothie zu wenig süß schmeckt, erhöhen Sie zuerst immer den Fruchtanteil. Erst als allerletzte Maßnahme fügen Sie eines dieser Süßungsmittel hinzu.

- Datteln (zuvor 20 Minuten in Wasser einweichen)
- Honig (die dickflüssigen oder festen Sorten)
- Stevia (am besten direkt die Blätter von der Pflanze)

Kerne

Kerne enthalten viele Antioxidantien und Omega-3-Fettsäuren. Wir verwenden gelegentlich kleine Mengen davon.

- Apfelkerngehäuse
- Birnenkerngehäuse
- Avocadokern (starten Sie mit einem halben Kern, denn ein ganzer ist zu bitter)
- Papayakerne (sehr scharf – nur kleine Mengen verwenden)

- Kakikerne
- Kerne von Weintrauben
- Zitronenkerne (sehr sauer und bitter, vielleicht nur von einer viertel Zitrone)
- Melonenkerne
- Orangenkerne
- Grapefruitkerne

Spezialfrüchte
- Melonen (Melonen sind stark wasserhaltig und passieren den Verdauungstrakt besonders schnell. Für eine optimale Verträglichkeit empfehle ich daher, Melonen nicht mit anderen Fruchtsorten zu kombinieren.)

Algen
Weichen Sie die Algen vorher 15 bis 20 Minuten in Wasser ein.

- Afa-Algen
- Chlorella-Algen
- Nori-Algen
- Spirulina-Algen

Gewürze
Verwenden Sie Gewürze immer in kleinen Mengen und am besten nur eine Sorte pro Rezeptur.

- Ingwer
- Chili
- Cayennepfeffer
- Kümmel
- Kardamom
- Zimt
- Vanille
- Meersalz (eine Prise bei pikanten Smoothies)

Grüne Superfoods
Verwenden Sie die Superfoods immer in kleinen Mengen und am besten nur eines auf einmal.

- Matcha
- Moringa

Küchenkräuter
Nur in kleinen Mengen (5 bis 30 g) verwenden – schmecken sehr intensiv!

- Basilikum
- Thymian
- Petersilie
- Dill
- Oregano
- Majoran
- Koriander

Flüssigkeiten
Nicht industriell verarbeitet. Die im Supermarkt in Tetrapaks erhältlichen Pflanzendrinks und das Kokoswasser sind meistens aufgrund der Haltbarkeit pasteurisiert, also kurz auf 75 bis 100 Grad Celsius erhitzt.

- Kokoswasser direkt aus einer Kokosnuss.

Selbst hergestellte Mandelmilch ist die beste Alternative zu Wasser, da sie nicht industriell verarbeitet ist.

Wildkräuter
Wildkräuter wirken aufgrund der hohen Menge an Vitaminen, Mineralstoffen, Spurenelementen und sekundären

Pflanzenstoffen stark auf Körper und Seele. Starten Sie daher mit einer kleinen Handvoll (10 bis 30 Gramm) täglich.

- Breitwegerich
- Brennnessel
- Brombeerblätter
- Brunnenkresse
- Echtes Labkraut
- Franzosenkraut
- Frauenmantel
- Gänseblümchen
- Giersch
- Gundermann
- Kapuzinerkresse

- Linde
- Löwenzahn
- Mädesüß
- Malve
- Meerrettich
- Melde
- Sauerampfer
- Schafgarbe
- Scharbockskraut (vor der Blüte)
- Spitzwegerich
- Taubnessel
- Vogelmiere
- Wegwarte
- Wiesen-Labkraut

Hinweis

Die Listen erheben keinen Anspruch auf Vollständigkeit. Ich fokussiere mich bei der Auswahl auf Zutaten, die gut schmecken und die ich selbst häufig verwende. Sollten Sie sich mehr Informationen zum Thema »Wildkräuter« und »Superfoods« wünschen, empfehle ich die Anschaffung zusätzlicher Fachbücher.

Zutaten für Ausnahmefälle

Diese Zutaten sollten nur in Ausnahmefällen in grünen Smoothies verwendet werden, da sie entweder zu wenig Chlorophyll (grünen Pflanzenfarbstoff) und zu wenig Vitamine, Mineralstoffe und Spurenelemente enthalten oder die Verträglichkeit in Mitleidenschaft gezogen wird.

Tiefgefrorene Lebensmittel
Laut den östlichen Ernährungslehren wirken sich Tiefkühlprodukte negativ auf die Lebensenergie aus. Setzen Sie sie maßvoll ein oder bevorzugen Sie schonend getrocknete Produkte.

- Tiefkühlspinat
- Tiefkühlbeeren

Trockenobst

Die Ware aus dem Supermarkt wird häufig sprühgetrocknet. Dabei erreicht der Heißluftstrom eine Temperatur bis zu 200 Grad Celsius. Sie können das Obst selbst im Ofen auf kleinster Stufe trocknen.

- Rosinen
- Getrocknete Pflaumen/Zwetschgen
- Getrocknete Feigen
- Getrocknete Apfelstücke
- Nur in geringen Mengen und vor dem Mixen für 10 bis 15 Minuten einweichen.

Industriell verarbeitete Flüssigkeiten

Die im Supermarkt in Tetrapaks erhältlichen Pflanzendrinks und das Kokoswasser sind zugunsten der Haltbarkeit pasteurisiert, also kurz auf 75 bis 100 Grad Celsius erhitzt worden.

- Kokoswasser
- Mandelmilch
- Reismilch
- Sojamilch

Samen und Nüsse

Samen und Nüsse sollten Sie vor dem Verzehr unbedingt einweichen, denn dadurch werden die Enzymhemmer neutralisiert, die das sofortige Keimen verhindern. Enzymhemmer sind für die Pflanzen enorm wichtig, können aber in größeren Mengen die Verdauung negativ beeinflussen.

Die Verzehrsempfehlung pro Tag ist eine kleine Handvoll.

- Mandeln
- Cashews
- Walnüsse

Samen

Chia-Samen und Leinsamen bilden zusammen mit Flüssigkeiten eine Gelee-ähnliche Substanz, wodurch das Abgießen nicht mehr möglich ist. Weichen Sie die Samen darum immer vorher ein und verwenden Sie dann die gesamte Masse.

Verzehrsempfehlung pro Tag: 1 bis 2 Esslöffel

- Chia-Samen
- Leinsamen
- Hanfsamen

Fettreiche Lebensmittel

Fettreiche Lebensmittel erhöhen die Verdauungszeit und widersprechen der Zubereitungsformel von Victoria Boutenko, aber im Zuge der 30-Tage-Challenge hat sich herausgestellt, dass manche Menschen die Smoothies dann besser vertragen.

- Kokosmus
- Mandelmus
- Cashewmus

Pulver

Verwenden Sie Pulver nur auf Reisen oder in speziellen Bedarfsfällen. Mir persönlich schmecken die meisten Pulver nicht, daher bin ich ein Fan von frischen Zutaten.

- Proteinpulver (nur pflanzliches Protein wie Reisprotein, Hanfprotein und Ähnliches)
- Gerstengraspulver/Gerstengrassaftpulver
- Dinkelgraspulver
- Weizengraspulver
- Moringablattpulver

Anderes Gemüse
In roher Form nur bedingt oder in kleinen Mengen verträglich.

- Brokkoli
- Fenchel
- Staudensellerie

Chlorophyllarme Salatsorten
Chlorophyll ist der grüne Pflanzenfarbstoff. Ihm wird eine Vielzahl gesundheitlicher Vorteile zugesprochen. Je grüner ein Gemüse ist, umso mehr ist darin enthalten. Bevorzugen Sie daher dunkelgrünes Pflanzengrün.

- Eisbergsalat

Chlorophyllarme Kohlsorten
- Chinakohl
- Spitzkohl

Chlorophyllarme Bittersalate
- Chicorée
- Radicchio
- Zuckerhut

Lauchgemüse
In roher Form nur bedingt oder in kleinen Mengen verträglich.

- Knoblauchzehen
- Zwiebel
- Porree/Lauch/Schnittlauch

Frisch gekeimte Sprossen
Tolle Zutaten für Salate, aber in Kombination mit Früchten können sie zu Verdauungsproblemen führen.

Sprossen von Hülsenfrüchten
- Erbsen
- Kichererbsen
- Linsen
- Mungbohnen
- Sojabohnen

Sprossen von Getreide(artigem)
- Buchweizen
- Dinkel
- Gerste
- Hafer
- Hirse
- Mais
- Reis
- Roggen
- Weizen

Gemüsesprossen
- Brokkoli
- Knoblauch
- Knollengemüse
- Kresse
- Radieschen
- Rettich
- Rote Bete
- Rucola
- Zwiebel

Weitere Sprossen
- Leinsamen
- Senfsamen
- Sonnenblumenkerne

Ich spreche den aufgelisteten Lebensmitteln nicht ihre gesundheitliche Wirkung ab, sondern es geht hier speziell um deren Verwendung in grünen Smoothies. Ich will sie Ihnen daher nicht komplett verbieten. Mein Anliegen ist lediglich, dass Sie grüne Smoothies aus möglichst naturbelassenen Zutaten mixen und diese bestmöglich vertragen.

Ungeeignete Zutaten

Stärkehaltige Gemüsesorten (auch wenn sie grün sind), tierische Produkte, verarbeitete Produkte (raffinierte Öle oder Dosenobst) und Zucker sind für grüne Smoothies ungeeignet, da sie die Verdauung und Verträglichkeit negativ beeinflussen.

(Stärkehaltiges) Fruchtgemüse
- Kürbis
- Auberginen

Hülsenfrüchte
- Erbsenschoten
- Bohnen
- Linsen
- Kichererbsen

Stängelgemüse
- Rhabarber
- Spargel

Kohlsorten
- Blumenkohl
- Romanesco
- Rosenkohl
- Rotkohl
- Weißkohl

(Stärkehaltiges) Wurzel- und Knollengemüse
- Karotten/Möhren
- Kartoffeln
- Pastinaken
- Petersilienwurzeln
- Radieschen
- Kohlrabi
- Rettich
- Rote Bete
- Knollensellerie
- Süßkartoffeln
- Steckrüben
- Schwarzwurzeln
- Topinambur

Sonstiges Gemüse
- Artischocken
- Zuckermais

Tierische Produkte
- Milch (Kuhmilch, Ziegenmilch et cetera)
- Milchprodukte (Joghurt, Käse, Frischkäse et cetera)

Dosenobst

Öle

- Rapsöl
- Olivenöl
- Leindotteröl

Stark verarbeiteter Zucker

- Weißer Zucker/Haushaltszucker (Staubzucker/Kristallzucker)
- Brauner Zucker
- Rohrzucker/Vollrohrzucker
- Vanillinzucker (Zucker mit Vanille aromatisiert)

Süßungsmittel mit zu viel Fruchtzucker

- Ahornsirup
- Agavendicksaft

3

Schritt 3: Zutaten besorgen

Frische ist das A und O

Die allerwichtigste Maßnahme, um Ihre Gesundheit zu verbessern, ist, frische und reife Lebensmittel zu konsumieren. Sie strotzen nur so vor Vitaminen und vitalisieren den Körper. Daher wollen wir auch bei grünen Smoothies möglichst frische Lebensmittel verwenden.

Vitamine werden nicht gerne transportiert

Ab der Ernte beginnt der Wettlauf mit der Zeit. Manche Vitamine sind hitzeempfindlich (Vitamin C, Vitamin B1, Vitamin B6, Pantothensäure), andere sind lichtempfindlich (Vitamin B2), Folsäure ist hitze- UND lichtempfindlich, Enzyme sind hitze- und kälteempfindlich. Aber es gibt auch Nährstoffe, die nichts von alledem sind, also weder hit- ze- noch kälte- noch lichtempfindlich (zum Beispiel Vitamin B3, Spurenelemente, Mineralstoffe).

Auf dem Weg vom Feld zum Zwischenhändler und schließlich zu Ihnen als Endkonsumenten können viele Tage, wenn nicht sogar eine Woche vergehen. Denken Sie an Lebensmittel aus Spanien, beispielsweise Tomaten. Diese werden zuerst geerntet und dann verladen. Das dauert einen halben bis einen ganzen Tag. Danach werden sie mit dem Lkw zum Großhändler in Deutschland transportiert. Das dauert vielleicht ein bis zwei Tage. Der Großhändler verkauft die Ware weiter an den Einzelhändler, der sie am selben Tag zum Verkauf anbietet, aber im Supermarkt kann die Ware durchaus mehrere Tage liegen. Wenn Sie diese Tomaten nun kaufen, aber nicht gleich verarbeiten, vergeht von der Ernte bis zum Verzehr eine Woche oder sogar mehr.

Was denken Sie, wie »traurig« die Tomaten nach diesem langen Hin und Her sind? Ich denke, sehr traurig. Der größte Vitaminverlust geht daher mit dem Transportweg einher. Werden die Lebensmittel danach noch industriell weiterverarbeitet und lange gekocht, können Sie sich sicher sein, dass von den hitze- und lichtempfindlichen Vitaminen praktisch nichts mehr enthalten ist.

Alternative Besorgungsmöglichkeiten

Wir stellen uns also die Frage: Wie kann man möglichst frische Zutaten besorgen? Wir leben Gott sei Dank im 21. Jahrhundert, daher ist es so einfach wie noch nie zuvor.

Meine Ideen liefern Ihnen gute Alternativen zum klassischen Supermarkt. Wir beginnen mit jenen, die den höchsten Frischefaktor garantieren.

Eigener Garten

Bauen Sie Obst und Gemüse in Ihrem eigenen Garten an. Kaufen Sie sich dazu einen Spaten, Samen und/oder junge Pflänzchen – und los geht's. Ich kann nur sagen, selbst angebaute und hochgezogene Lebensmittel schmecken mindestens doppelt so gut wie Supermarktware und sind unübertroffen, was die gesundheitliche Wirkung aufgrund der Frische angeht – sozusagen das Nonplusultra!

Wohnen Sie in einer Stadt? Dann mieten Sie einen Kleingarten und bauen Sie dort Obst und Gemüse an. Meistens sind die Wartelisten für Kleingärten sehr lang, aber vielleicht haben Sie gerade Glück und es wird in Kürze in Ihrer Nähe etwas frei.

Gemeinschaftsgarten

Mieten Sie eine Parzelle in einem Gemeinschaftsgarten. Die Parzellen in den Gemeinschaftsgärten werden häufig von der Stadtgemeinde vergeben, aber es gibt auch private Gemeinschaftsgärten, in denen Parzellen für die jeweilige Saison vermietet werden. Auch hier heißt es schnell sein, wenn Sie sich einen Platz sichern wollen. Am besten sehen Sie sich bereits am Ende des Jahres um und melden sich gleich Anfang des Jahres für eine Parzelle an.

Guerilla Gardening/ Urban Gardening

In Städten wimmelt es nur so von Grünflächen, die von keiner Menschenseele sinnvoll genutzt werden. Daraufhin haben kleinere Gruppen von Menschen heimlich mit der Aussaat von Pflanzen begonnen. In den Anfängen war dies ein Zeichen des politischen Protestes, aber mittlerweile hat sich das Guerilla Gardening zum urbanen Gärtnern weiterentwickelt. Die Verschönerung der Stadt geht mit einer sinnvollen Nutzung brach liegender Flächen einher.

Sträucher und Bäume an öffentlichen Plätzen

Es gibt unglaublich viele wilde Sträucher und Bäume in unserer nahen Umgebung, wenn wir die Augen aufmachen. Die Früchte bleiben meistens ungenutzt und werden ausschließlich von Tieren verzehrt. Doch eigentlich könnten wir diese auch selbst essen.

Eine Hilfestellung dazu liefert die Website *Mundraub.org*, wo Nutzer auf einer virtuellen Karte Sammelplätze von Früchten und Kräutern eintragen. Sie brauchen also nicht einmal mehr selbst auf Erkundungstour zu gehen, sondern können gezielt Beeren oder Äpfel sammeln.

Dieser Service ist großartig! Besuchen Sie unbedingt diese Internetseite und sehen Sie nach, was es in Ihrer Umgebung zu holen gibt.

Sehen Sie sich nach solchen Gärten in Ihrer Stadt um. Einziger Nachteil: Sie besitzen dann kein eigenes Stück Land, auf dessen Ernte nur Sie Anspruch haben. Aber es handelt sich um eine gute Alternative, wenn Sie nur unregelmäßig Zeit zur Gartenpflege haben. Denn es kümmert sich eine lokale Gemeinschaft zusammen um die Pflanzen und die Ernte wird am Ende untereinander aufgeteilt.

Kleinpflanzen in der Wohnung oder auf dem Balkon

In der Wohnung gedeihen Küchenkräuter wie zum Beispiel Petersilie, Basilikum, Salbei oder Minze hervorragend. Hierfür benötigen Sie nur ein paar Töpfe, etwas nährstoffreiche Erde und die passenden Samen. Noch leichter geht es, wenn Sie sich einfach ein paar junge, eingetopfte Pflanzen auf dem Wochenmarkt, beim Bauern oder im Bio-Supermarkt besorgen.

Haben Sie zusätzlich einen Balkon, auf dem zumindest ein paar Stunden am Tag die Sonne zu sehen ist? Dann sind Sie in der glücklichen Position, fast alles darauf anbauen zu können: Salate,

Tomaten, Paprika und Kräuter. Sie werden staunen, wie gut Gemüse, Salat und Kräuter in Balkonkästen gedeihen!

Ab-Hof-Verkauf bei (Bio-) Bauern

Unterstützen Sie die Bauern in Ihrer Umgebung und lernen Sie gleichzeitig die Produzenten Ihrer Lebensmittel persönlich kennen. Der Vorteil hier: Die Ware ist frischer und gleichzeitig günstiger als im Supermarkt. Dank des Internetzeitalters lassen sich alle Bauern online ausfindig machen. Sie finden sie zum Beispiel auf den Seiten der Bio-Verbände. Viele Höfe haben auch eigene Hofläden. Suchen Sie einen (Bio-)Bauern in Ihrer Umgebung und bauen Sie nach und nach eine persönliche Beziehung zu ihm auf – es lohnt sich auf jeden Fall!

Solidarische Landwirtschaft

Die Bauern leiden enorm unter dem Preisdruck der Konzerne. Keiner kann es ihnen verübeln, wenn sie die Lebensmittel so billig wie möglich produzieren, um ihre eigene Existenz zu sichern.

Das System der Community Supported Agriculture (CSA) beziehungsweise die solidarische Landwirtschaft (SoLaWi) ist ein möglicher Lösungsansatz und schafft eine Win-win-Situation für Erzeuger und Verbraucher.

Das System funktioniert wie folgt: Eine Gruppe von Konsumenten übernimmt das laufende Jahresbudget eines Hofes durch Vorfinanzierung. Dafür verpflichten sich die Hofbetreiber, die Konsumenten ganzjährig oder saisonal mit qualitätsvollen Hoferzeugnissen in Form von Ernteanteilen zu versorgen. Beide Seiten bilden eine Wirtschaftsgemeinschaft, in der Ernteerfolge, aber auch Ernteausfälle gemeinsam getragen werden.

Ich gebe Ihnen kurz ein fiktives Beispiel zum besseren Verständnis. Der Bauer Huber könnte 1000 Menschen mit seinem Hof versorgen und benötigt zur Jahresfinanzierung 500 000 Euro. Er vergibt daher 1000 Ernteanteile zu einem Preis von jeweils 500 Euro. Als vierköpfige Familie würden Sie vier Ernteanteile für 2000 Euro erwerben und der Bauer beliefert Sie im Gegenzug das ganze Jahr mit frischer Ware. Herr Huber kann sich bei diesem System voll auf die Produktion qualitativ hochwertiger Lebensmittel konzentrieren, weil er sich nicht mehr ständig Gedanken über schwankende Preise und Konzernvorgaben machen muss.

Meiner Meinung nach ist das aktuell das beste System für alle – für die Natur, den Erzeuger und den Verbraucher.

Regionale Lebensmitteleinkaufsgemeinschaften

Mögen Sie es ein wenig flexibler? Dann kann eine Food-Coop oder regionale Lebensmitteleinkaufsgemeinschaft eine Alternative zur solidarischen Landwirtschaft sein. Food-Coops sprießen im Moment wie junge Pflänzchen aus dem Boden. Hier schließen sich Bewohner eines Bezirkes beziehungsweise eines

Stadtteils zu einer lokalen Einkaufsgemeinschaft zusammen.

Wie funktioniert das System? Die Mitglieder der Einkaufsgemeinschaft bestellen wöchentlich genau definierte Lebensmittel und Mengen bei ausgewählten Bauern in der Umgebung. Die Bauern liefern die bestellten Lebensmittel in den angemieteten Lagerraum der lokalen Food-Coop und Sie holen Ihre bestellten Waren zu festgelegten Öffnungszeiten ab. Die Mitglieder wirken in verschiedenen Funktionen mit, um die Einkaufsgemeinschaft am Leben zu halten. Sie helfen zum Beispiel bei der Warenausgabe, übernehmen administrative Aufgaben, gestalten die Website, bestellen Waren und so weiter. Jede Food-Coop hat eigene Regeln und Mitgliedschaftsbedingungen. Informieren Sie sich!

Wochen-/Bauernmarkt

Halten Sie nach Wochen- oder Bauernmärkten Ausschau. In vielen Städten finden sie samstags, manchmal jedoch auch unter der Woche statt. Auf diesen Märkten erhalten Sie superfrische Lebensmittel, weil die Marktstandbetreiber strengere Frischeauflagen haben als Supermarktbetreiber.

Regionale Biokisten

Haben Sie keine Zeit zum Einkaufen? Dann bestellen Sie sich Obst- oder Gemüsekisten und lassen Sie sich diese direkt an Ihre Haustür liefern. Dazu können Sie die Größe der Kiste (Singlehaushalt, Zweipersonenhaushalt oder Familie),

den gewünschten Kisteninhalt (Smoothie-Kiste, Obstkiste, Regionalkiste, Gemüsekiste und so weiter) und die Häufigkeit der Lieferung (wöchentlich, zweiwöchentlich oder monatlich) auswählen. Im deutschsprachigen Raum gibt es eine Vielzahl von Anbietern. Im Anhang finden Sie dazu Empfehlungen für Österreich, Deutschland und die Schweiz.

Früchte aus Online-Shops

Meistens sind die tropischen Früchte in den Supermärkten von minderer Qualität, da sie in der Regel zu früh geerntet und für den Transportweg behandelt wurden. Das erhöht das Risiko für Unverträglichkeiten und Verdauungsprobleme massiv. Ich bestelle daher einmal im Monat bei Tropenversandhäusern, die sich darauf spezialisiert haben, reife Früchte schnell zu liefern. Die Qualität der Lebensmittel ist eindeutig besser als im Supermarkt und der Geschmack einzigartig. *Orkos.com*, *Passion4fruit.com* oder *Tropenkost.de* sind die zuverlässigsten Anbieter in unseren Breitengraden.

Bio-Supermärkte

Bio-Supermärkte haben meistens ein größeres Angebot an Grünzutaten als herkömmliche Geschäfte. Die dort erhältlichen Lebensmittel sind meiner Erfahrung nach viel frischer. Wenn Ihnen Bio-Supermärkte generell zu teuer sind, dann versuchen Sie, wenigstens das Pflanzengrün im Bio-Supermarkt einzukaufen.

Hier ist eine Liste der bekanntesten Bio-Handelsketten im deutschsprachigen Raum:

- denn's
- basic Bio-Supermarkt
- Bio Company
- ebl-naturkost
- SuperBioMarkt
- Alnatura
- ALECO
- BioFrischeMarkt
- Biofeld

Hinweis

Im Anhang finden Sie eine Liste mit vielen Links, falls Sie sich im Detail informieren wollen. Da jedoch viele meiner Ideen stark ortsgebunden sind, kann ich Ihnen nicht für alle Vorschläge genaue Informationen bereitstellen. Verwenden Sie hierfür die Detailrecherche Google, fragen Sie Freunde und Bekannte oder stellen Sie die Frage in einem Forum.

Fazit

Es gab noch nie so viele verschiedene Möglichkeiten zur Beschaffung hochwertiger Lebensmittel wie heute. Probieren Sie zumindest eine Alternative zum Supermarkt aus! Sie werden mit vielen frischen und leckeren Produkten belohnt werden.

Sind Bio-Zutaten wirklich gesünder?

Bei der Bio-Diskussion steht häufig die Frage im Raum, ob Bio-Lebensmittel tatsächlich gesünder sind als konventionell angebaute.

Im Jahr 2012 erregte eine Meldung der Universität Stanford, wo Tausende Studien gesichtet, 223 Untersuchungen ausgewählt und ausgewertet wurden, viel Aufmerksamkeit in den Medien. Es wurde folgende Meldung verbreitet, dass die Forscher keinen deutlichen Nachweis gefunden hätten, dass biologische Lebensmittel nährstoffreicher seien oder ein geringeres Gesundheitsrisiko bergen.[34]

Die Internet-Plattform *medizin-transparent.at* – ein Projekt des Departments für Evidenzbasierte Medizin und Klinische Epidemiologie der Donau-Universität Krems – erklärt Folgendes in Bezug auf die 2014 veröffentlichte systematische Übersichtsarbeit der Universität Stanford:

»Bei der nach strengen Kriterien durchgeführten Analyse zeigt sich: Obst,

Gemüse und Getreide aus biologischer Landwirtschaft enthält teils deutlich mehr Mikronährstoffe als konventionell angebaute Pflanzen. Besonders deutlich zeigt sich das im Gehalt an Antioxidantien, Vitamin C und verschiedenen als möglicherweise gesundheitsfördernd eingestuften Stoffen wie Flavonoiden oder Xanthophyllen [...]. Ob eine erhöhte Aufnahme dieser Stoffe die Gesundheit fördert, ist jedoch entgegen landläufiger Meinung nur unzureichend erforscht. Zudem fanden die Wissenschaftler in den konventionell angebauten Pflanzen deutlich höhere Mengen des giftigen Schwermetalls Cadmium als in Biopflanzen. Was die Pestizidbelastung angeht, kommen sie aber zur selben Schlussfolgerung wie die Autoren der älteren Übersichtsarbeit. Während bei Biopflanzen nur etwa ein Zehntel Pestizidrückstände aufwies, war dies bei konventioneller Landwirtschaft in beinahe der Hälfte der untersuchten Proben der Fall. Wie hoch die Konzentration dieser Rückstände im Detail ist, lässt sich anhand bisheriger Studien nicht genauer ermitteln.«[35]

Auch das Ministerium für ländlichen Raum und Verbraucherschutz in Baden-Württemberg bestätigt in seinem Bericht zum Ökomonitoring 2014, dass Bio-Lebensmittel weitaus weniger mit Pestiziden belastet sind. So enthielt konventionelles Obst rund 0,42 mg Pflanzenschutzmittelrückstände pro kg (ohne Oberflächenbehandlungsmittel, Phosphonsäure und Bromid) und hatte einen rund 80-fach höheren Gehalt an Pestiziden als Öko-Obst. Bei Bio-Gemüse lag der mittlere Pestizidrückstandsgehalt bei 0,001 mg/kg. Konventionelles Gemüse wies etwa 0,32 mg Pflanzenschutzmittelrückstände pro kg auf (ohne Bromid und Fosetyl) und war damit mehr als dreimal so hoch mit Pestiziden belastet wie Öko-Gemüse.[36]

Was soll man davon jetzt halten?

Bio-Lebensmittel enthalten zum Teil, aber eben nicht immer, mehr Vitamine, Mineralstoffe und Spurenelemente, denn der Nährstoffgehalt hängt von vielen Faktoren ab. Zum Beispiel davon, wie die Nährstoffzusammensetzung des Düngers war, ob die Pflanze in einem Glashaus oder am Freiland unter direkter Sonneneinstrahlung wuchs, wie lange das Obst und Gemüse ausreifen durfte, mit welcher Erntemethode geerntet wurde, wie die Erzeugnisse gelagert und transportiert wurden. Sie sehen, es können sehr viele Faktoren positiv wie negativ auf den Vitamin- und Mineralstoffgehalt einwirken, die am Ende mit Bio oder nicht Bio gar nichts zu tun haben.

Des Weiteren steht fest, dass die biologischen Lebensmittel deutlich weniger belastet sind. Die Böden werden geschont und natürlicher behandelt. Der Nutzen für die Umwelt ist somit am größten. Uns sollte bewusst sein: Je gesünder Mutter Erde bleibt, umso gesünder bleiben wir Menschen. Wir sind Teil der Natur und von ihr abhängig. Wenn der Planet zerstört ist, nützt uns kein Geld der Welt mehr etwas.

Und ja, es gibt auch Skandale und schwarze Schafe in der Bio-Branche, aber man darf das große Ganze nicht aus den Augen verlieren. Meine Meinung ist: Bio-Lebensmittel sind ein Schritt in die richtige Richtung.

Fazit
Es muss nicht unbedingt Bio sein. Nehmen Sie einfach die frischesten Lebensmittel, die in Ihrer Umgebung erhältlich sind.
Wollen Sie der Umwelt und Ihrer Gesundheit etwas extra Gutes tun? Dann greifen Sie auf jeden Fall zu regionalen Bio-Produkten. Ihr Körper muss sich kaum mit dem Ausscheiden von Pestiziden beschäftigen und Sie tragen durch Ihren Konsum etwas zum ökologischen Gleichgewicht bei!

Bio ist nicht gleich Bio

Die Qualität zwischen Bio-Lebensmitteln kann ebenfalls sehr unterschiedlich sein, da es insgesamt fast 100 Gütezeichen mit unterschiedlichsten Richtlinien gibt. Ich will Ihnen die sechs wichtigsten und häufigsten Bio-Gütesiegel vorstellen.

Bio-Siegel (Deutschland) und EU-Bio-Logo

Mit dem Bio-Siegel können Produkte und Lebensmittel gekennzeichnet werden, die nach den EU-Rechtsvorschriften für den ökologischen Landbau produziert und kontrolliert wurden. Diese EU-weit gültigen Rechtsvorschriften garantieren einheitliche Mindeststandards für den ökologischen Landbau. Das Bio-Siegel steht somit für eine ökologische Produktion und z. B. für eine artgerechte Tierhaltung.
Die Nutzung des Bio-Siegels richtet sich nach den Kriterien der EU-Rechts-

vorschriften für den ökologischen Landbau. Diese schreiben unter anderem vor:
- Die Produkte müssen entsprechend den Rechtsvorschriften für den ökologischen Landbau produziert und kontrolliert worden sein.
- Soweit Lebensmittel aus mehreren Zutaten bestehen, müssen von diesen mindestens 95 Prozent aus dem ökologischen Landbau stammen. Die restlichen 5 Prozent dürfen nur dann aus der konventionellen Landwirtschaft stammen, wenn sie in ökologischer Qualität nachweislich am Markt nicht verfügbar sind.
- Der Einsatz von Gentechnik ist verboten.
- Viele ansonsten zugelassene Zusatzstoffe sind nicht erlaubt.
- Nur Erzeuger sowie Verarbeitungs- und Importunternehmen, die den Anforderungen der EU-Rechtsvorschriften für den ökologischen Landbau

gerecht werden und sich den vorgeschriebenen Kontrollen unterziehen,
sind berechtigt, ihre Produkte unter
den Bezeichnungen »Bio« oder »Öko«
zu verkaufen.
• Bei der Kennzeichnung der Produkte
muss die Codenummer der zuständi-
gen Öko-Kontrollstelle angegeben
werden.

Seit dem 01.07.2012 sind vorverpackte
Bio-Lebensmittel, die einen Verarbei-
tungsschritt in der EU erfahren, mit
dem EU-Bio-Logo, dem standardisier-
ten Kontrollstellencode und der allge-
meinen Herkunftsbezeichnung der Zutaten verpflichtend zu kennzeichnen.
Zusätzlich zum EU-Bio-Logo können
das deutsche Bio-Siegel oder/und Lo-
gos der Öko-Verbände (Mitgliedschaft
erforderlich) wie beispielsweise Bioland, Demeter oder Naturland zur
Kennzeichnung verwendet werden.

Bioland (Deutschland)

Bioland ist ein deutscher Anbauver-
band. Die Wirtschaftsweise der Bio-
land-Betriebe basiert auf einer Kreis-
laufwirtschaft, die ohne synthetische
Pestizide und chemisch-synthetischen
Stickstoffdünger auskommt. Tiere werden artgerecht gehalten. Die Richtlinien
von Bioland sind strenger als die der
EU-Öko-Verordnung und gehen oft weit
über die gesetzlichen Mindeststandards
hinaus. Beispielsweise dürfen Bio-
land-Betriebe keinen konventionellen
Anbau parallel betreiben, auch wenn
beide Anbauarten voneinander getrennt
sind.

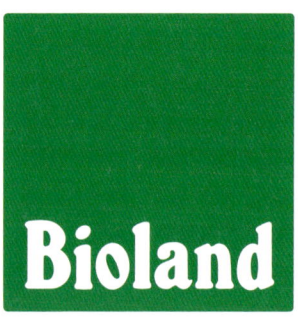

Bio Austria (Österreich)

Bio Austria ist der größte österreichi-
sche Bio-Verband und vereint rund zwei
Drittel der österreichischen Bio-Bauern. Eines der Ziele von Bio Austria ist
die nachhaltige Entwicklung der ökologischen Landwirtschaft.
Das Siegel befindet sich daher vorwiegend auf Produkten von bäuerlichen
Bio-Produzenten. Die Bio-Austria-Richt-
linien gehen in vielen Punkten weit über
die EU-Bio-Verordnung hinaus.

Die Bio-Bauern haben sich in ihrem Zusammenschluss zu fünf Werten bezüglich ihrer Produkte verpflichtet: Ökologie, Würde der Tiere, Forschung und Innovation, faire Preise und »bio-bäuerliche Lebensmittelkultur«.

Bio Suisse (Schweiz)

Bio Suisse ist die führende Bio-Organisation der Schweiz und Eigentümerin der Marke Knospe, die Mehrheit der Schweizer Bio-Bauern gehört dem Dachverband an. Die Richtlinien von

Bio Suisse sind weitaus strenger als die von der Schweizer Bundesverordnung vorgeschriebenen Mindestanforderungen für den biologischen Landbau sowie für die Verarbeitung. Trägt ein Produkt die Knospe von Bio Suisse, müssen min-

destens 90 Prozent der Rohstoffe aus der Schweiz stammen. In Produkten mit der Bio-Knospe sind mehr als 10 Prozent importierte Rohstoffe enthalten. Diese unterliegen den gleichwertigen Richtlinien und Kontrollen wie Schweizer Knospe-Produkte.

Demeter – die höchste Bio-Qualität (international)

Demeter ist ein internationaler Bio-Verband, der 1928 gegründet wurde. Unter diesem geschützten Bio-Siegel werden biologisch-dynamisch (zu 100 Prozent natürlich und gentechnikfrei) erzeugte Produkte verkauft.

Demeter basiert auf der anthroposophischen Idee des Österreichers Rudolf

Steiner. Sein Anliegen ist die Förderung eines gesunden Zusammenspiels von Mensch, Tier, Pflanze, Erde und Kosmos. Die Erzeugung unbelasteter Nahrungsmittel ist dabei nicht erstes Ziel, sondern Konsequenz.

Fazit

Das EU-Bio-Siegel ist ein Basissiegel. Mindestens 95 Prozent des Inhaltes stammen aus Bio-Anbau. Gentechnisch verändertes Material, chemisch-synthetische Pflanzenschutzmittel sowie chemische Dünger sind strikt verboten. Die Frage ist allerdings, wie stark und regelmäßig die Kontrollen stattfinden.

Regionale Bio-Gütesiegel haben meist strengere Richtlinien und häufigere Kontrollen als Hersteller und Produkte mit dem EU-Bio-Siegel. Hier bestätigt sich wieder der Vorteil von regionalen Produkten.

Wenn Sie die hochwertigsten Produkte kaufen wollen, dann greifen Sie zu Demeter-Produkten. Diese wurden ganzheitlich produziert und sind ein Indikator für beste Lebensmittelqualität.

Einkaufen wie ein Profi

Der qualitative Unterschied zwischen Lebensmitteln kann heutzutage sehr groß sein. Daher erfahren Sie in diesem Kapitel, worauf es wirklich ankommt.

Saisonal und regional

Achten Sie auf die Herkunft der Lebensmittel und bevorzugen Sie saisonale und regionale Lebensmittel, speziell wenn Sie etwas Geld sparen möchten. Kaufen Sie Erdbeeren im Mai, Himbeeren im Juli, Brombeeren im August und Weintrauben im September. So unterstützen Sie die Bauern in Ihrer Umgebung, die Lebensmittel passen energetisch gesehen zur Jahreszeit und sie sind meistens frischer.

Das bedeutet dann aber, dass Sie sich im Winter mit weniger zufriedengeben müssen. Keine Tomaten, Gurken oder

Beeren. Dafür schöpfen Sie im Sommer aus dem Vollen.

Frische-Check

Die Schnittstellen sollten auf keinen Fall komplett eingetrocknet oder braun sein. Das bedeutet, dass die Ernte bereits einige Tage zurückliegt. Manche Supermärkte haben jedoch erkannt, dass die Kunden nun die Schnittstellen überprüfen, und lassen diese von den Mitarbeitern am Morgen nachschneiden.

Achten Sie bei Salaten zum Beispiel darauf, ob bereits Blätter vom Rand entfernt worden und ob die Blätter noch knackig frisch sind. Sobald die Blätter an Vitaminen verlieren, büßen sie auch ihre Spannung ein und werden weich.

Je reifer, desto besser

Vor allem bei Früchten ist das Nährstoffprofil erst voll ausgeprägt, wenn die Früchte reif geerntet werden. Bei saisonalen und regionalen Früchten ist dies oft der Fall. Ein Indikator bei Früchten ist ihr intensiv süßlicher Geruch. Wollen Sie den Nachreifeprozess beschleunigen, dann legen Sie die Früchte zu den Äpfeln. Wollen Sie ihn verlangsamen, dann lagern Sie die Früchte leicht gekühlt im Gemüsefach Ihres Kühlschranks.

Wann ist eine Frucht wirklich reif? Einige Beispiele für beliebte Zutaten:

- Avocados oder Mangos:
  Eine reife Avocado oder Mango erkennen Sie, indem das Fruchtfleisch auf leichten Daumendruck nachgibt. Ist sie steinhart oder lässt sich das Fruchtfleisch nur sehr schwer eindrücken, dann ist die Frucht nicht reif. Lagern Sie Avocados nicht im kalten Teil des Kühlschranks, sonst wird der Reifeprozess unterbrochen und das Fruchtfleisch ist gummiartig.
  Hass-Avocados besitzen eine stark genoppte Schale, welche mit fortschreitender Reife auch schwarz werden kann. Dabei handelt es sich nicht um verdorbene Avocados, sondern um solche mit optimalem Reifezustand.
  Andere Avocadosorten – wie zum Beispiel Fuerte-Avocados – sollten keinesfalls schwarze Stellen aufweisen, da sie dann bereits überreif sind und teilweise zu verderben beginnen.
- Bananen:
  Bananen sind erst reif, wenn sich die Schale gelb färbt und schwarze Punkte auftauchen. Erst dann hat sich die Stärke (langkettige Kohlenhydrate) in Zucker (kurzkettige Kohlenhydrate) umgewandelt. Das äußert sich in einem süßeren Geschmack und einer besseren Verträglichkeit.
- Ananas:
  Bei einer reifen Ananas sind die Blätter saftig grün und die Farbe der Schale kräftig gelbgrün. Der Kauf einer grasgrünen Ananas ist nicht zu empfehlen. Die Schnittstelle sollte keinen Schimmelbefall aufweisen und das innere Blatt sollte sich problemlos herausziehen lassen.

Wichtig: Die Ananas muss bereits beim Kauf vollreif sein, denn sie reift zu Hause nicht mehr nach. Außerdem ist noch zu sagen, dass nicht jede Ananas zwingend einen aromatischen Duft verströmen muss, was viele glauben.

Möglichkeiten für wenig Geld

Haben Sie nicht genug Geld übrig, um höherwertige Lebensmittel im Supermarkt einzukaufen, oder haben Sie keinen eigenen Garten? Kein Problem, wenn Sie sich etwas Zeit nehmen, können Sie sich direkt aus der Natur sogar noch höherwertige Zutaten – völlig kostenlos – besorgen.

Öffentlich zugängliche Bäume und Sträucher

Gehen Sie auf *Mundraub.org*, schauen Sie nach, welche Bäume und Sträucher in Ihrer Umgebung öffentlich zugänglich sind, und besorgen Sie sich kostenlos frische Früchte.

Wildkräuterführungen in der Natur

Nehmen Sie an einer Wildkräuterführung teil und lernen Sie die saisonal wachsenden und essbaren Pflanzen kennen. Manchmal werden die Führungen kostenlos angeboten, oft gibt es einen Unkostenbeitrag in der Höhe von 10 bis 15 Euro. Danach können Sie selbst ohne Probleme Wildkräuter auf Wiesen und in Waldstücken finden.

Kostenloses Wasser

Mineralwasser ist teuer und das Leitungswasser hat nicht überall eine hervorragende Qualität. Gott sei Dank leben wir in Ländern mit vielen Wäldern, vielen Bergen und auch vielen Quellen. Speziell Österreich ist für seine gute Trinkwasserqualität bekannt. Finden Sie eine Wasserquelle oder einen Brunnen in Ihrer Umgebung und füllen Sie einmal wöchentlich frisches Quellwasser in Glasflaschen ab.

Mithilfe beim Bio-Bauern

Finden Sie einen Bio-Bauern in Ihrer Umgebung und fragen Sie, ob Sie beim Unkrautjäten helfen dürfen. Viele sind froh, wenn sie das überschüssige Grünzeug loswerden. Bei manchen können Sie auch bei der Ernte oder sonstigen Tätigkeiten mithelfen und werden dafür mit frischen Lebensmitteln belohnt.
Und ja, es gibt auch direkt in der Stadt oder am Stadtrand Bio-Bauern. Meiner Erfahrung nach ist es so: Wenn Sie glauben, es gäbe kilometerweit keinen Bauern, dann befindet sich meistens einer gleich um die Ecke.

Nachbars Garten

Fragen Sie einen Nachbarn mit Garten, ob Sie ein paar Früchte haben dürfen. Vielleicht bieten Sie dafür auch Ihre Mithilfe beim Ernten, Jäten oder Blätterrechen an. Jeder Gartenbesitzer weiß, dass man zur Hochsaison oft einen massiven Überschuss an Früchten hat – und keine Idee, was man mit ihnen anstellen soll. Warum sollte man also nicht die wertvollen Lebensmittel mit den Nachbarn teilen?

Tipps, um Zeit zu sparen

Haben Sie wenig Zeit? Soll es in der Früh möglichst schnell gehen? Schaffen Sie es, nur einmal pro Woche einkaufen zu gehen? Ich hab hier fünf Tipps, damit Sie immer etwas Grünes zu Hause haben:

Hinweis

Diese Tipps widersprechen teilweise meiner Philosophie, aber wenn sie Ihnen helfen, ab und zu durch einen stressigen Tag zu kommen und Ihre Gewohnheit aufrechtzuerhalten, dann ist mir das wichtiger.

1. Ernten Sie frisches Pflanzengrün in Ihrem Garten und frieren Sie die Rohzutaten sofort ein

Am besten portionieren Sie das Pflanzengrün gleich in 60- und 120-Gramm-Portionen. 60-Gramm-Portionen sind perfekt geeignet für intensiv schmeckendes Grün wie Grünkohl, Mangold oder Wirsing. 120-Gramm-Portionen sind perfekt für eher mild schmeckendes Grün wie Blattspinat, Feldsalat oder Sommersalate. Eine kleine Portion intensiv schmeckendes Grün (60 Gramm) oder eine große Portion mild schmeckendes Grün (120 Gramm) reicht für 0,5 beziehungsweise 1 Liter Smoothie.

2. Erstellen Sie Ihre eigenen Grüner-Smoothie-Würfel

Wann immer Sie zu viel frisches grünes Blattgemüse oder zu viele frisch gepflückte Wildpflanzen zur Verfügung haben, mixen Sie diese mit ein wenig Wasser zu einer sehr zähflüssigen grünen Masse. Danach gießen Sie die Masse sofort in Eiswürfelformen und lagern die Formen im Tiefkühlfach. Bei Bedarf peppen Sie Ihren Smoothie dann mit einem solchen grünen Würfel auf.

3. Kaufen Sie Tiefkühlspinat oder tiefgefrorenen Grünkohl

Achten Sie beim Kauf von Blattspinat darauf, dass keine Zusatzstoffe wie Rahm, Zwiebeln oder Käse zugesetzt sind. Der Spinat sollte auch nicht blanchiert sein, da durch die kurzzeitige Erhitzung Vitamine und Enzyme verloren gehen. Im besten Fall steht auf der Verpackung lediglich »erntefrisch tiefgefroren«.

4. Kaufen Sie Grüne-Smoothies-Zusätze

Es gibt mittlerweile verschiedenste Pulver für grüne Smoothies am Markt – zum Beispiel Moringapulver, Weizengras- oder Dinkelgraspulver. Ich setze Pulver nur im Notfall oder auf Reisen ein, wenn ich keine Chance habe, an frisches Grün zu kommen.

5. Trocknen Sie Ihre Grünzutaten im Ofen oder im Dehydrator

Trocknen ist eine weitere einfache und effektive Möglichkeit, um Lebensmittel haltbar zu machen. Legen Sie dazu Ihre Grünzutat auf ein Backblech, stellen Sie das Backrohr mit Umluft auf die niedrigste Stufe und öffnen Sie die Backofentür einen Spalt. Durch das Trocknen mit geringer Hitze (bestenfalls maximal 40 Grad) bleiben viele Vitamine und Enzyme erhalten.

Im Sommer können Sie die Grünzutaten sogar in der Sonne trocknen.

4

Schritt 4: Lagerung

Frische bei Früchten und Pflanzengrün erhalten

Nach der Ernte verlieren die Pflanzen und Früchte schnell an Nährstoffen. Speziell das Pflanzengrün kann innerhalb von wenigen Tagen verderben. Umso wichtiger ist eine optimale Lagerung zur Erhaltung der Frische!

Stark wasserhaltige Früchte in der Speisekammer

Lagern Sie stark wasserhaltige Früchte in der Speisekammer oder in unbeheizten Räumen bei einer Temperatur zwischen 15 und 18 Grad Celsius auf. Das betrifft circa 90 Prozent aller Früchte.

Dazu gehören exotische Früchte wie Bananen, Papayas, Mangos oder Ananas, Zitrusfrüchte wie Grapefruits, Orangen, Zitronen oder Limetten, Fruchtgemüse wie Gurken, Paprika, Tomaten oder Zucchini und einheimische Früchte wie Beeren. Lagern Sie diese nicht im Kühlschrank, denn dabei tragen sie Kälteschäden davon und verlieren ihren Geschmack.

Äpfel und Birnen im dunklen Keller

Wenn Sie größere Vorräte einkaufen, lagern Sie Äpfel und Birnen im dunklen Keller mit hoher Luftfeuchtigkeit. Die niedrige Temperatur verhindert den Nachreifeprozess und die hohe Luftfeuchtigkeit verhindert das Austrocknen. Des Weiteren sollten sie nicht zu dicht gelagert werden, da sie sonst zu schnell nachreifen. Schlagen Sie die Äpfel und Birnen locker in Papier ein und legen Sie diese in ein Regal. Die optimale Temperatur liegt zwischen 0 und 12 Grad Celsius. Bei dieser Temperatur halten sich Äpfel und Birnen auch über längere Zeit und bewahren sogar nach sechs Monaten noch Form, Inhaltsstoffe und Geschmack.

Nur kurzfristig in der Obstschale oder im Kühlschrank lagern

Wollen Sie die Früchte in den nächsten Tagen verzehren, dann geht die klassische Obstschale in der Küche natürlich auch in Ordnung. Für maximal 14 Tage können Äpfel in einem Plastikbeutel im Kühlschrank gelagert werden, vergessen Sie aber nicht, ein paar Löcher reinzuschneiden, damit das beim Nachreifeprozess entstehende Ethylen entweichen kann.

Grünes Blattgemüse und Salate feucht umwickelt im Gemüsefach

Lagern Sie grünes Blattgemüse und Salate feucht umwickelt im Gemüsefach. Für den leicht feuchten Wickel eignen sich dünne Stoffbeutel oder Geschirrtücher. Sie können dafür auch Küchenrolle verwenden.

Auf diese Weise bleiben der Salat und das grüne Blattgemüse 2 bis 4 Tage knackig frisch. Dennoch verzehren Sie es am besten so schnell wie möglich.

Schimmelbefall minimieren

Entfernen Sie bei der Lagerung immer alle Kunststoffverpackungen, um einen Schimmelbefall zu vermeiden. Speziell luftdicht verschlossene Salate sollten so schnell wie möglich geöffnet werden. Bei Obst sortieren Sie Früchte mit Druckstellen aus, da diese eine Schimmelbildung begünstigen.

Keine Früchte neben Kartoffeln

Besonders Äpfel und Tomaten – aber auch voll ausgereifte Früchte – sondern mit zunehmender Reife das Gas Ethylen ab, welches den Reifeprozess anderer Lebensmittel massiv beschleunigt. Bewahren Sie daher Tomaten und Äpfel getrennt von ethylenempfindlichen Lebensmitteln wie Kartoffeln oder Gemüse wie Blumenkohl, Brokkoli, Champignons, Erbsen, Oliven, Rosenkohl, Rotkohl, Weißkohl und Ähnlichem auf.

Lagerung und Transport von grünen Smoothies

Die Aufbewahrung von Smoothies ist kinderleicht. Und das Beste: Dabei gehen kaum Nährstoffe verloren.

Füllen Sie den grünen Smoothie sofort nach dem Mixen in Glasflaschen oder Einmachgläser um. Das gibt Ihnen die Möglichkeit, den Mixbehälter sofort auszuwaschen. Vielleicht geht es Ihnen ähnlich, aber ich hasse persönlich nichts mehr, als angetrocknete Mixbehälter mühsam zu reinigen.

Verschließen Sie die Glasbehälter luftdicht und stellen Sie diese in den Kühlschrank. Der grüne Smoothie ist mit dieser Methode problemlos zwei bis drei Tage haltbar, wobei er im Optimalfall nach spätestens 8 bis 24 Stunden getrunken werden sollte.

Oft sieht ein Smoothie nicht mehr so appetitlich aus, wenn man ihn am nächsten Tag aus dem Kühlschrank holt. Die Bestandteile haben sich abgesetzt. Oben schwimmen die eher flüssigen Substanzen, am Grund die festen. Schütteln Sie die Glasflasche einfach kräftig vor dem Verzehr und die Bestandteile verbinden sich wieder zu einer homogenen Masse. Lassen Sie den Smoothie bei Raumtemperatur anwärmen. Der Konsum von kalten Smoothies kann Verdauungsprobleme begünstigen, da der Körper kalte Lebensmittel vor der Verdauung erst auf Körpertemperatur erwärmen muss.

Der grüne Smoothie schmeckt frisch natürlich am besten. Je länger Sie den Smoothie lagern, umso stärker verändert sich der Geschmack. Dies ist normal und bedeutet nicht, dass der Smoothie dann verdorben ist!

Manche Vitamine reagieren wie kleine Vampire auf Licht: Sie sind extrem empfindlich und werden durch Licht oder Sonne zerstört. Darum sollten Sie Ihren Smoothie am besten in einem Rucksack, einer Tasche oder einem Stoffbeutel transportieren.

Gehen bei der Aufbewahrung Vitamine verloren?

Bei der richtigen Aufbewahrung (gekühlt, lichtgeschützt und luftgeschützt) gehen nur wenige Vitamine verloren. Dies machen die meisten Menschen intuitiv richtig, daher brauchen Sie sich darüber keine Gedanken zu machen. Versuchen Sie lieber, immer möglichst frische Zutaten zu verwenden. Denn das Geheimnis des Vitamingehalts steckt in der Frische.

Welches ist das beste Aufbewahrungsgefäß?

Es werden allerlei Flaschen angeboten, die aus den unterschiedlichsten Materialien gefertigt sind. Angefangen bei Glasflaschen über BPA-freie Plastikflaschen bis hin zu Edelstahlflaschen. Doch welche sind am besten für grüne Smoothies geeignet?

Plastikflaschen

Okay, ich gebe zu, Plastikflaschen sind leicht und praktisch unzerstörbar, allerdings geben sie kleinste Bestandteile an ihren Inhalt ab. Besonders die gekauften Einmalplastikflaschen, die wir aus dem Supermarkt kennen, sind nicht zu empfehlen. Denn wie der Name schon sagt, sind sie für den einmaligen Gebrauch gedacht. Waschen Sie diese Flaschen nicht heiß aus, um sie mehrmals zu verwenden!

Auch von hochwertigeren Plastikflaschen sollten Sie meiner Meinung nach die Finger lassen. Zwar brüsten sich alle inzwischen als BPA-frei, nachdem die extrem gesundheitsgefährdende Wirkung dieser Substanzen nachgewiesen wurde, aber keiner weiß, ob es nicht noch andere riskante Inhaltsstoffe gibt, von denen wir aktuell einfach noch nichts wissen.

Was ist eigentlich Bisphenol A (BPA)? Bisphenol A ist ein wesentlicher Bestandteil einiger Kunststoffe. Viele herkömmliche Alltagsgegenstände und Verpackungsmaterialien bestehen aus Plastik mit Bisphenol A, zum Beispiel Babyflaschen, Lunchboxen oder Mineralwasserflaschen.

Die Eidgenössische Technische Hochschule Zürich schreibt dazu, dass BPA eine hormonaktive Substanz ist. Sie wirkt wie das natürliche Hormon Östrogen und auch als Anti-Androgen. Geringe Mengen des Stoffes genügen, um die sexuelle Entwicklung, besonders die der männlichen Föten und Säuglinge, zu beeinträchtigen.[37] Außerdem wird dazu auf eine Studie verwiesen, in der festgestellt wurde, dass gerade Babys am meisten Bisphenol A aufnehmen.[38]

Edelstahl- und Aluflaschen

Die edlen Edelstahlflaschen sehen nicht nur hochwertiger aus, sie schützen auch vor Licht und Sonne, was bei Plastikflaschen nicht der Fall ist. Allerdings gibt es Hinweise, dass Edelstahl- und Aluminiumflaschen den Geschmack beeinflussen und dass sich Schwermetalle lösen können.[39]

Glasflaschen – das Nonplusultra?

Ich denke, es hat schon einen Grund, warum viele hochwertige Getränke in Glasflaschen gelagert, transportiert und verkauft werden. Daher verwende ich ausschließlich Glasflaschen für die kurzfristige Aufbewahrung von grünen Smoothies. Ich freue mich, wenn Sie dazu eigene Erfahrungen sammeln und Ihre Ergebnisse mit mir teilen.

5

Schritt 5: Zubereitung

Den ersten Smoothie erfolgreich mixen

Es ist soweit. Wir mixen unseren ersten Smoothie! Mit dem folgenden Konzept benötigen Sie theoretisch keine Rezepte mit Mengenangaben. Sie können beliebige Zutaten miteinander kombinieren und sind immer auf der sicheren Seite.

Waschen Sie alle Zutaten gründlich, wenn diese nicht aus dem Bio-Anbau stammen.

Schneiden Sie alle Zutaten in kleine Stücke, aber sparen Sie sich ein paar Stücke auf. Diese verwenden wir zum Garnieren. Zerkleinern Sie auch das Pflanzengrün, vor allem wenn es sich um faserhaltiges Blattgemüse wie Grünkohl, Mangold, Karottengrün oder Wildkräuter handelt.

Teilen Sie den Mixbehälter gedanklich in zwei Hälften, eine obere und eine untere Hälfte.

Befüllen Sie die untere Hälfte des Mixbehälters mit Früchten.

Befüllen Sie die obere Hälfte des Mixbehälters mit Pflanzengrün.

Gießen Sie Wasser in den Mixbehälter, sodass die Früchte unter Wasser stehen. Mixen Sie den grünen Smoothie 40 bis 70 Sekunden, je nachdem, wie leistungsstark Ihr Mixer ist. Bei Hochleistungsmixern reichen 40 Sekunden. Bei leistungsschwächeren Haushalts- oder Küchenmixern empfehle ich, den Mixvorgang zu verlängern. Ziel ist es, eine möglichst feine Konsistenz zu erreichen. Et voilà – fertig ist Ihr grüner Smoothie! Gießen Sie den Smoothie in eine kleine Schüssel oder ein Glas und garnieren Sie ihn mit einigen Fruchtstücken.

Anleitung zur Zubereitung mit einem Küchenmixer

Besitzen Sie einen Küchenmixer, Haushaltsmixer oder Thermomix mit weniger Leistung? Dann beachten Sie die folgenden Tipps, um die Sämigkeit Ihrer Smoothies zu steigern.

- Verwenden Sie vorwiegend faserarme Zutaten wie Sommersalate, Feldsalat oder Babyspinat.
- Schneiden Sie alle Zutaten mit einem großen Küchenmesser sehr klein, vor allem das Pflanzengrün.
- Mixen Sie zuerst das Pflanzengrün mit so wenig Wasser wie möglich (circa 50 bis 100 Milliliter) für 20 bis 30 Sekunden. Damit konzentrieren Sie die volle Kraft des Mixers auf die Aufspaltung der Pflanzenfasern.
- Erst dann geben Sie das Obst hinzu, aber füllen Sie den Behälter nur zu 50 Prozent auf. Je mehr Masse im Behälter enthalten ist, umso unbefriedigender wird das Mixergebnis beziehungsweise umso länger müssen Sie mixen.
- Mixen Sie erneut für 30 bis 40 Sekunden, je nach Leistung Ihres Mixers, bis sich eine feine, sämige Konsistenz ergibt.

Keine Sorge, wenn das Mixgut beim Mixen etwas warm werden sollte. Dies wirkt sich nicht schädlich auf die Inhaltsstoffe und Vitamine aus. Erst ab 42 Grad Celsius gehen Vitamine und Enzyme verloren.

Tipps und Tricks bei der Zubereitung

Wie verhindert man, dass sich Smoothie-Bestandteile voneinander absetzen?

Verwenden Sie Bananen, Mangos, Avocados oder Chia-Samen. Diese Zutaten verhindern das Absetzen. Bei der Aufbewahrung im Kühlschrank können sich die Zutaten nach einem Tag trotzdem wieder etwas voneinander absetzen. Schütteln Sie den Smoothie dann einfach vor dem Trinken.

Was macht man, wenn der Smoothie zu dickflüssig wird?

Stoppen Sie den Mixvorgang, ergänzen Sie Wasser und mixen Sie erneut für 10 bis 20 Sekunden. Kosten Sie den Smoothie und führen Sie den Vorgang so lange durch, bis Sie die gewünschte Konsistenz erreicht haben.

Wie kann man das Schäumen verhindern?

Für die Schaumbildung sind die Saponine, die sogenannten Seifenstoffe, verantwortlich. Durch die Verwendung von Zitronen, Avocados oder einer Handvoll Eiswürfel reduzieren Sie diesen Effekt.

Was macht man, wenn der Smoothie zu grobfasrig ist?

Leeren Sie die Hälfte des Mixguts aus dem Mixbehälter in ein Gefäß und mixen Sie zuerst die eine Hälfte und dann die andere Hälfte erneut für eine Minute. Wenn Sie die Menge im Mixbehälter reduzieren, können leistungsschwächere Mixer mehr Kraft auf das Mixgut übertragen, wodurch die Konsistenz etwas »smoother« wird.

Allerdings stoßen leistungsschwächere Mixer aufgrund von konzeptionellen Gründen irgendwann an ihre Grenzen und Sie werden auch durch längeres Mixen kein besseres Mixergebnis erhalten. Das liegt daran, dass die Messer und die Form des Mixbehälters nicht optimal sind.

Was tun, wenn der Smoothie nicht schmeckt?

Der Hauptgrund, warum Ihnen grüne Smoothies nicht schmecken, ist fast immer auf unreife Früchte zurückzuführen. Denn diese sind in ihrem Nährstoffprofil, ihrer Geschmacksintensität und Süße weitaus geringer ausgeprägt als reif geerntete. Frische und dunkelrote Erdbeeren schmecken fantastisch in der Saison im Mai und Juni. Außerhalb der Saison ist eher das Gegenteil der Fall. Des Weiteren verursachen sie mit einer größeren Wahrscheinlichkeit Verdauungsprobleme, da die Natur diese Früchte in dieser Zeit nicht zum Verzehr vorgesehen hat.

Leider finden sich vor allem im Supermarkt viele unreife Früchte aus Übersee. Auch bei regionaler und saisonaler Ware ist dies aufgrund logistischer Herausforderungen der Fall.

Spezielle (Online-)Tropenversandhäuser können Sie mit frischen, reifen tropischen Früchten beliefern, zum Beispiel *Orkos.com*, *Passion4fruit.com* oder *Tropenkost.de*. Oder greifen Sie am Wochenmarkt zu regionalen und saisonalen Früchten von Bauern aus der Umgebung.

6 Schritt 6: Genuss und Gesundheitswirkung

Neben der Frische der Zutaten ist der richtige Genuss von grünen Smoothies die wichtigste Maßnahme, um die volle Gesundheitswirkung zu erfahren und die Verträglichkeit zu erhöhen.

Wir verwenden viel Energie darauf, den richtigen Mixer und frische Zutaten zu besorgen, allerdings werden der Konsum und der Genuss häufig vernachlässigt. Das ist sehr schade, denn die Verdauung ist im Wesentlichen dafür verantwortlich, wie viele der Nährstoffe schlussendlich von Ihrem Körper aufgenommen werden.

Schlingen Sie den grünen Smoothie unter Stress hinunter, wandert ein Großteil der Nährstoffe einfach durch Ihren Körper, ohne in die Blutbahn zu gelangen. Im schlimmsten Fall verursacht er möglicherweise sogar noch Bauchschmerzen und Verdauungsprobleme.

Die Verdauung beginnt im Mund

Das Kauen sorgt für die mechanische Zerkleinerung der Nahrung, was beim Genuss des grünen Smoothies der Mixer bereits für uns erledigt hat. Allerdings regen die Kaubewegungen den Speichelfluss an. Der Speichel bereitet die trockene Nahrung auf den Transport durch die Speiseröhre vor und enthält auch das Enzym α-Amylase, welches bereits im Mund komplexe Kohlenhydrate (Stärke) in Einfachzucker zerlegt.

Für Früchte ist dieser Vorgang weniger wichtig, weil sie bereits Einfachzucker in Form von Traubenzucker oder Fruchtzucker enthalten. Doch bei unreifen, grünen oder leicht gelblichen Bananen wurde die Stärke noch nicht vollständig in Einfachzucker umgewandelt. Auch bei anderen stärkehaltigen Lebensmitteln wie Reis, Kartoffeln, Getreide, Brot oder Hülsenfrüchten, die Sie zu Mittag oder am Abend zu sich nehmen, spielt der Speichel eine fundamentale Rolle.

Durch das Kauen und Zerkleinern der Nahrung wird über die Rezeptoren auf der Zunge der Geschmack der Nahrung wahrgenommen, wodurch wiederum die Speichelbildung gesteigert und die Magensaftsekretion initiiert wird. Der Körper kann sich so auf die Verdauung des ankommenden Nahrungsbreis optimal einstellen.

Der Speichel hat übrigens auch noch eine andere wichtige Aufgabe, nämlich die Reinigung der Zähne und die Neutralisierung der über die Nahrung zugeführten Säuren. Bei ausreichendem

Speichelfluss werden die Zähne gereinigt und remineralisiert.

Warum wir grüne Smoothies nicht »trinken« sollten

Viele sprechen davon, man solle den grünen Smoothie als vollwertige Mahlzeit ansehen, allerdings konsumieren wir ihn weiterhin ausschließlich aus dem Glas. Vielen fällt das schwer und auch ich erwische mich immer wieder dabei, wie ich ihn unbewusst runterschlürfe. Die Problematik dabei ist, dass wir darauf konditioniert sind, Flüssigkeiten aus dem Glas zu schnell in uns hineinzuschütten.

Der Blutzuckerspiegel steigt zu schnell an

Obst-Smoothies oder auch grüne Smoothies können aufgrund der flüssigen Konsistenz ruckzuck getrunken werden. Circa 500 Milliliter lassen sich binnen einer Minute verzehren. Das ist etwa 15-mal so schnell, als wenn man die Früchte und das Pflanzengrün in unverarbeiteter Form Bissen für Bissen zu sich nimmt. Eine Studie meint dazu, dass verflüssigtes Essen unsere körpereigene Kapazität zu einer natürlichen Nahrungsaufnahme untergräbt.[40]
Ebenfalls führt der schnelle Konsum zu einem starken Anstieg des Blutzuckerspiegels. Es gelangt zu viel Zucker in zu kurzer Zeit ins Blut, wodurch der Körper große Mengen an Insulin ausschüttet. Das wiederum führt zu einem starken Abfall des Blutzuckerspiegels nach 60 bis 90 Minuten. Er sinkt unter das Anfangslevel und die Folge ist: Man hat wieder Lust etwas Süßes oder sogar Heißhungerattacken. Dies ist vor allem bei Säften der Fall, wo es auch nicht hilft, diese langsamer zu trinken. Denn dem Saft fehlen die festen Bestandteile, die die Aufnahme des Zuckers verlangsamen. Somit ist es kein Wunder, dass unser Körper damit überfordert ist und schnell Nachschub verlangt. Er hat noch nicht gelernt, mit den verarbeiteten Formen von Zucker umzugehen. Er rechnet mit einer langsameren Zuckeraufnahme und mit natürlichem Zucker in Kombination mit anderen Nährstoffen. Deswegen reagiert er »falsch«, was langfristig zu gesundheitlichen Problemen führt.

Beeren verbessern die Blutzuckerkurve

Die Lösung könnten Smoothies mit Beeren sein, wie eine Studie feststellte. Der starke Abfall des Blutzuckerspiegels tritt durch die Zugabe von Blaubeeren/Heidelbeeren nicht ein. Sollten Sie also häufiger nach dem Konsum von Smoothies von einem starken Hungergefühl geplagt werden, dann ergänzen Sie Ihr Rezept um Heidelbeeren.

Smoothies aus der Schüssel

Da viele eine Hauptmahlzeit oder das Frühstück durch einen grünen Smoothie ersetzen, sollten wir die Wertigkeit einer Mahlzeit aufrechterhalten. Ich ermuntere Sie daher, den Großteil Ihrer Smoothie-Kreationen aus einer Schüssel mit dem Löffel zu essen. Der grüne

Smoothie wird dadurch als richtige Mahlzeit wahrgenommen, einige Fruchtstücke sprechen das Auge an und verleiten zum Kauen. Ich habe in letzter Zeit festgestellt, dass immer mehr Rezepte zu »Green-Smoothie-Bowls« im Internet auftauchen. Meinem Gefühl nach ist das der richtige Weg. Wir sollten weg von den Gläsern und hin zu den Schüsseln. Die Wissenschaft gibt uns dabei recht.

Satter und glücklicher durch langsames Essen

Die Sättigung nimmt zu, je langsamer eine Mahlzeit verzehrt wird, je mehr gekaut wird und je dickflüssiger die Konsistenz ist. Dabei isst man automatisch weniger – das kann interessant für Sie sein, wenn Sie ein paar Kilos verlieren wollen.

Auch der psychologische Effekt spielt eine maßgebliche Rolle. Je nachdem, wie sättigend wir uns eine Mahlzeit vorstellen, fühlen wir uns auch nach dem Essen, unabhängig vom Inhalt.

Eine Mahlzeit aus der Schüssel wird psychologisch gesehen wahrscheinlicher als stärker sättigend wahrgenommen als ein Getränk aus dem Glas.

Hinweis

Die Zugabe von einem Esslöffel Leinsamen oder Chia-Samen kann den Sättigungseffekt weiter steigern[41], den Cholesterin-Spiegel senken[42] und die Aufnahme von fettlöslichen Vitaminen maximieren[43]! Probieren Sie es aus!

Fazit

Trinken Sie Ihren grünen Smoothie nicht, sondern essen Sie ihn wann immer möglich mit einem Löffel aus der Schüssel, vor allem wenn Sie größere Mengen zu sich nehmen und eine Hauptmahlzeit wie das Frühstück damit ersetzen möchten. Geben Sie beim Mixen einfach weniger Wasser dazu, damit die Konsistenz dickflüssiger wird. Lassen Sie sich Zeit und kauen Sie gröbere Bestandteile gründlich. Dadurch hält die Sättigung länger an und der Blutzuckerspiegel steigt nur langsam und nicht rapide an. Als Belohnung bleiben die Heißhungerattacken aus. Wissenschaftliche Untersuchungen bestätigen die positiven Effekte.

Sollten Sie dennoch einmal grüne Smoothies aus dem Glas konsumieren, so genießen Sie sie ganz in Ruhe Schluck für Schluck.

Romans Genusszeremonie

Ein zentraler Aspekt in meinem Leben ist der Genuss. Ich liebe es, warme Sonnenstrahlen auf der Haut zu spüren, ich genieße körperliche Nähe, ich genieße gutes Essen, ich genieße die frische Luft in der unberührten Natur, ich genieße entspannende Musik und natürlich genieße ich auch grüne Smoothies.

Grüne Smoothies und Genuss klingt für viele wie ein ungleiches Paar, weil der Anblick eines giftgrünen Gemüsecocktails zu Beginn eher abschreckt. Ehrlich gesagt, ich habe grüne Smoothies früher als sogenanntes »Functional Food« angesehen – als notwendiges Übel, um einfach und schnell an meine Vitamine zu kommen. Ich habe das Zeug getrunken, weil mein Kopf gesagt hat: Vitamine sind gesund. Und grüne Smoothies enthalten jede Menge Vitamine. Also trinke ich jetzt grüne Smoothies.

Diese Herangehensweise war nicht sehr Erfolg versprechend. 2012 trank ich grüne Smoothies daher nur sehr unregelmäßig. Ich musste zuerst lernen, eine Freude für grüne Smoothies zu entwickeln und diese mit Genuss zu verzehren. Seitdem klappt es besser als je zuvor!

Ich wünsche mir, dass Sie ebenfalls Spaß an grünen Smoothies haben. Die folgenden Tipps sollen Ihnen helfen, den Genuss, die Verdauung und die Gesundheitswirkung zu verbessern!

1. Zeit zum Genießen

Nehmen Sie sich bewusst 10 bis 30 Minuten Zeit zum Genießen des grünen Smoothies und kauen Sie die ersten drei Schlucke jeweils zehnmal, so wie Sie normales Essen kauen würden. Dies mag sich vielleicht zu Beginn etwas komisch anfühlen, aber wir haben bereits gelernt, langsames Essen fördert die Sättigung und sorgt für eine günstigere Blutzuckerkurve. Durch die Verweildauer in der Mundhöhle kommt es zusätzlich zu einer Vielzahl neurologischer Reaktionen, unter anderem werden Enzyme über den Speichel hinzugefügt, die schon mit der Zersetzung des Nahrungsbreis beginnen. Dadurch gewinnt der Verdauungstrakt Zeit, um sich optimal auf den ankommenden Brei vorzubereiten.
10 Minuten sind optimal, um 0,25 Liter grünen Smoothie Schluck für Schluck zu trinken oder mit einem Löffel aus einer Schüssel zu essen. 15 Minuten reichen für 0,5 Liter und 30 Minuten für 1 Liter.

2. Das Auge isst mit

Dekorieren Sie den grünen Smoothie mit bunten Fruchtstücken, Kräutern oder Blüten. Konsumieren Sie den grünen Smoothie aus einem schönen Glas oder löffeln Sie ihn aus einer hübschen Schüssel.

3. Eine entspannte Atmosphäre

Setzen Sie sich an ein gemütliches Plätzchen und lassen Sie Ihren Körper zur Ruhe kommen, bevor Sie Ihre Smoothie-Mahlzeit einnehmen. Denn die Verdauung funktioniert nur dann optimal, wenn Sie wirklich entspannt sind. Ist Ihr Körper im Stressmodus, steigen der Blutdruck, die Herztätigkeit sowie die Durchblutung der Muskulatur. Gleichzeitig werden andere Aktivitäten – wie zum Beispiel die Darmtätigkeit – gehemmt. Stress macht den Körper bereit für Angriff oder Flucht.
Wir wollen allerdings weder angreifen noch fliehen, wenn wir einen grünen Smoothie zu uns nehmen. Wir wollen ihn möglichst gut verdauen. Um Ihren Körper zu entspannen, schließen Sie die Augen und atmen Sie zehnmal tief ein und aus. Körper und Geist beruhigen sich daraufhin. Versuchen Sie es ein-

fach mal! Gern können Sie dieses Ritual vor jeder Mahlzeit durchführen.

Wissenswertes aus dem Osten: Die buddhistischen Mönche setzen vor jeder Einnahme der Mahlzeit eine Meditationseinheit an, um mit einem ruhigen und entspannten Gemütszustand die Speisen zu sich zu nehmen. Das Essen in Stille ohne Sprechen und Ablenkung ist ein weiterer wichtiger Teil ihrer Ernährungspraktik.

4. Alle Sinne einsetzen

Riechen Sie an dem grünen Smoothie. Nach was riecht er genau? Welche Duftnoten kommen besonders hervor? Nehmen Sie, den ersten Schluck und versuchen Sie den dominierenden Geschmack herauszufinden! Wie stark lässt sich das Pflanzengrün herausschmecken? Auf diese Weise werden Sie schon bald ein Geschmacksprofi sein!

5. Wie reagiert der Körper?

Beobachten Sie in den folgenden Stunden, wie der grüne Smoothie in Ihrem Körper wirkt und Ihr Körper darauf reagiert. Kommt es zu einem Blubbern oder Rumoren im Bauch? Stößt Ihnen der Smoothie auf? Fühlen Sie sich müde? Oder fühlen Sie sich fitter und energiegeladener als je zuvor?

Der Optimalfall

Im besten Fall haben Sie richtig Lust auf den Smoothie und Ihnen läuft bereits beim Anblick das Wasser im Mund zusammen. Sie vertragen den Smoothie sehr gut und es treten keinerlei Verdauungsprobleme oder Blähungen auf. Sie fühlen sich nach dem Essen des grünen Smoothies mental fit und energiegeladen. Der Stuhlgang tritt regelmäßig ein und die Konsistenz bleibt fest. Trifft das alles auf Sie zu? Dann können Sie sicher sein, dass Sie in den vollen Genuss der ganzen gesundheitlichen Wirkung kommen.

Hinweis

Sollten andererseits negative Begleiterscheinungen auftreten, so helfen Ihnen Ihre Beobachtungen, schneller die Ursache ausfindig zu machen. Die häufigsten Nebenwirkungen sind Entgiftungserscheinungen sowie Verdauungsprobleme oder Blähungen. Sie finden gegen Ende des Buches dazu zwei Kapitel, die helfen, diese Herausforderungen in den Griff zu bekommen!

GRÜNE SMOOTHIES

Die 30-Tage-Challenge

Wie alles begann – Romans Challenge

Am 1.1.2013 startete ich meine eigene 30-Tage-grüne-Smoothies-Challenge und habe meine Erfahrungen auf der Website täglich dokumentiert. Es war ein Testlauf wie viele zuvor, um neue Ernährungsmöglichkeiten auszuprobieren, doch dieser war etwas Besonderes. Im Zuge meiner Ausbildung zum Ernährungstrainer 2012/2013 habe ich mich entschieden, grüne Smoothies als Diplomarbeitsthema zu wählen, denn ich wollte selbst am eigenen Körper spüren, wie sich das regelmäßige Trinken von grünen Smoothies auswirkt.

Diese Challenge war der Startschuss zu großen Veränderungen bei meinen Ernährungsgewohnheiten und mittlerweile auch bei denen vieler anderer Menschen. Ich bin mir sicher, dass diese 30-Tage-Challenge helfen kann, auch Ihre Ernährung zu verbessern.

Änderung der Gewohnheiten in kleinen Schritten

Sicher haben Sie bereits eine Diät, eine radikale Ernährungsumstellung oder zumindest eine Veränderung Ihrer Ernährungsgewohnheiten versucht, oder? Und hat es so geklappt, wie Sie es sich vorgestellt haben? Ich habe auch einige Versuche hinter mir und bei allen zu radikalen Umstellungen bin ich früher oder später wieder in meine alten Verhaltensmuster zurückgerutscht. Der langfristige Nutzen war gleich null, obwohl ich mir zwei oder drei Wochen wirklich Mühe gegeben habe.

Aber warum ist das so? Wir haben uns alle unsere Verhaltensweisen jahrelang oder sogar jahrzehntelang antrainiert. Diese von dem einen auf den anderen Tag zu verändern, funktioniert nur selten, vor allem wenn gleich mehrere Lebensaspekte davon betroffen sind. Manche Menschen schaffen es nur, weil ihnen großes Leid droht. Sie hatten zum Beispiel einen Herzinfarkt und der Arzt sagt ihnen: Wenn Sie jetzt nicht Ihre Ernährung ändern, können Sie in ein oder zwei Jahren tot sein.

Aber für all jene von uns, die bloß ein bisschen abnehmen wollen oder sich einfach nur ein klein wenig wohler in ihrer Haut fühlen wollen, ist die Motivation viel zu gering, als dass uns massive Ernährungsumstellungen gelingen – auch weil wir unsere Willenskraft nicht trainieren.

Machen Sie die neue Gewohnheit so einfach wie möglich

Deals.com hat 1000 deutsche Verbraucher zu ihren Neujahrsvorsätzen befragt und herausgefunden, dass 44 Prozent der Deutschen vorhaben, mehr Sport zu treiben, 39 Prozent sich gesünder ernähren und 32 Prozent abnehmen möchten. [44] Ich denke, auch in den kommenden Jahren sind die Zahlen ähnlich.

Leider scheitern die meisten mit diesen Vorsätzen bereits im ersten Monat. Wir wollen zu viel auf einmal verändern und im Alltag holen uns unsere alten Verhaltensmuster nach ein paar Wochen wieder ein.

Der Grund dafür ist, dass wir unsere Willenskraft kaum trainieren. Selten verändern wir unsere Gewohnheiten unter dem Jahr. Geben Sie ehrlich zu, wie viele Gewohnheiten haben Sie in den letzten zwölf Monaten verändert?

Das Gute ist: Die Willenskraft ist ein Muskel, der sich trainieren lässt. Man darf ihn zu Beginn nur nicht gleich überbeanspruchen. Wenn Sie im Fitnesscenter Gewichte heben, dann starten Sie auch zuerst mit kleinen Gewichten und nicht mit 100-Kilogramm-Bankdrücken.

Umgelegt auf die Änderungen von Verhaltensweisen würden kleine Gewichte Folgendes bedeuten:

- Wenn Sie sich gesünder ernähren wollen, dann starten Sie mit einem Glas grünem Smoothie pro Tag und ändern sonst nichts an Ihren Ernährungsgewohnheiten.
- Wenn Sie keine oder weniger Softdrinks trinken wollen, dann starten Sie den Tag gleich mit einem Glas Wasser.
- Wenn Sie sich mehr bewegen wollen, dann gehen Sie jeden Tag am Abend zumindest für fünf Minuten um den Häuserblock spazieren.
- Wenn Sie mehr Muskeln aufbauen wollen, dann starten Sie mit einem Liegestütz pro Tag, sodass Sie diesen wirklich jeden Tag durchführen.

Sie sehen, worauf das hinausläuft. Die neue Gewohnheit sollte so einfach sein, dass Sie diese ohne große Anstrengung meistern können, selbst an sehr stressigen Tagen oder wenn es Ihnen mal zwei, drei Tage gesundheitlich nicht so gut geht.

Bleiben Sie diszipliniert über 30 oder 60 Tage

Phillippa Lally, eine Gesundheitspsychologin aus London, hat in ihrer Studie *How are habits formed: Modelling habit formation in the real world*[45] herausgefunden, dass es durchschnittlich 66 Tage dauert, um Gewohnheiten zu verändern, wobei die Länge von der Art der Gewohnheit und den Lebensumständen der Person abhängt. Wenn Sie eine sehr einfache Gewohnheit ändern wollen, wie zum Beispiel ein Glas Wasser vor dem Mittagessen zu trinken, und Ihr Leben gleichzeitig sehr entspannt ist, dann schaffen Sie das wahrscheinlich schneller als in 66 Tagen. Für mich haben 30 Tage sehr gut funktioniert, da ich klein angefangen habe.

Fazit
Jede Veränderung einer Verhaltensweise ist schwierig und benötigt Energie sowie Willenskraft. Am erfolgreichsten sind daher sehr kleine, aber dauerhafte Veränderungen der Ernährungsgewohnheiten. Wir trinken als ersten Schritt nur ein Glas grünen Smoothie pro Tag und ändern sonst nichts an unserem Ernährungsverhalten!

Erfolge bisheriger Teilnehmer

Sie fragen sich jetzt wahrscheinlich, was Sie in 30 Tagen erreichen können. Darauf kann ich Ihnen eine genaue Antwort liefern.
Bisher haben über 44000 Menschen (Stand September 2015) an den 30-Tage-grüne-Smoothies-Challenges teilgenommen und ich habe ausführliches Feedback von 1136 Menschen bekommen.[46]
Bei vielen haben sich folgende gesundheitliche Verbesserungen in 30 Tagen eingestellt:

- Sie haben 1,5 bis 4 Kilogramm abgenommen.
- Sie haben eine schönere, reine Haut bekommen.
- Sie gehen mit mehr Energie durch den Tag.
- Die Lust auf Süßes und Kaffee hat nachgelassen.
- Die Verdauung hat sich verbessert.
- Viele verspüren ein besseres Körpergefühl und mehr Wohlbefinden.

Diese kurzfristigen Verbesserungen sind sehr wahrscheinlich auf die höhere

Zufuhr an Mikronährstoffen zurückzuführen. Die genaue Bedeutung haben wir bereits im Quadrantenmodell von Norbert Fuchs erfahren. Der Stoffwechsel funktioniert reibungsloser, die Zellen können optimal arbeiten – und als Folge fühlen wir uns wohler in unserem Körper.

Ich wette, dass auch Sie sich spürbar besser fühlen werden, wenn Sie die 30-Tage-Challenge ausprobieren. Vielleicht können Sie ja die Erfahrungen einiger Teilnehmer endgültig davon überzeugen!

Erfahrungsbericht von Helena

Ich heiße Helena, bin 38 Jahre alt, Mama von zwei Kindern und wohne in Luxemburg. Durch einen Zufall hab ich deinen Aufruf zur 30-Tage-grüne-Smoothies-Challenge auf Facebook entdeckt und war sofort sehr interessiert, denn mein Immunsystem ist seit den letzten zwei, drei Jahren nicht mehr das, was es einmal war.

Ich hatte eine Stirnhöhlenentzündung nach der anderen und es hat sich so gesteigert, dass ich kurz vor einer Depression stand. Wenn man über neun Monate ständig krank ist und keine Kraft hat, den Alltag mit Mann und zwei kleinen Kindern normal zu gestalten, dann ist das auf Dauer einfach nur schlimm.

Ich habe monatelang sehr viel versucht, um gesund zu werden, unter anderem Heilpraktiker, EM (effektive Mikroorganismen), Vitamine und zum Schluss Schwarzkümmelöl. Das Öl hat tatsächlich etwas geholfen. Ich hatte nun nicht

mehr jede zweite Woche eine neue Erkältung, sondern viel seltener, und die Entzündung war nun nicht mehr so schlimm, das heißt, ich kam nun meistens ohne Antibiotika aus.

Ich habe die 30-Tage-grüne-Smoothies-Challenge sehr begeistert mitgemacht und dadurch eine große positive Wirkung erfahren. Viele belächeln mich deshalb öfter, auch Ärzte und Bekannte, aber deine Smoothies haben mir mein Leben wirklich sehr erleichtert! Als ich mit deinen Smoothies anfing, war ich quasi sofort erkältungsfrei und die Entzündungen waren für ganze drei, vier Monate lang verschwunden. Das war wirklich unglaublich!

Nur hab ich mich dummerweise irgendwann so gesund gefühlt, dass ich immer öfter zu faul wurde, mir einen Smoothie zu mixen. Ich hatte auch immer öfter Bauchweh nach dem Verzehr der Smoothies. Ich hatte nicht bemerkt, dass ich auf einmal die Chia-Samen nicht mehr vertragen habe. Nach circa zehn Tagen ohne Smoothies waren wieder starke Entzündungen da. Jetzt weiß ich was ich vertrage, und versuche, mir wieder täglich einen grünen Smoothie zu mixen!

Ich kann es jedem wirklich empfehlen und bin dir, lieber Roman, sehr dankbar!

Interview mit Christa

Christa ist nach der 30-Tage-Challenge drangeblieben und hat bisher 12 Kilos verloren. Ich habe ein kleines Interview mit Christa geführt.

Wer bist du, was machst du, woher kommst du?

Ich bin 59 Jahre alt, Schulleiterin einer Grundschule in Bonn und habe zwei erwachsene Söhne. Studiert habe ich Sport und Biologie, deshalb war ich schon immer sehr interessiert an Flora und Fauna. Ich kenne viele Pflanzen und liebe meinen Garten. Gesunde Ernährung ... klar, immer ein wichtiges Thema!

Wie bist du auf die grünen Smoothies gestoßen?

Ich stieß im April 2015 auf ein Buch über Smoothies und begann mit reinen Obst-Smoothies. Ich kaufte mir einen Standmixer und »fütterte« auch meine Söhne erfolgreich mit meinen gemixten Vitaminbomben. Mein älterer Sohn entdeckte auf Facebook die Einladung zu deiner Challenge, an der auch eine Studienfreundin von ihm teilnahm. Diese Einladung nahm ich gern an, weil ich mein Repertoire erweitern wollte und es mir einfacher erschien, meine Ziele – Gesundheit und Abnehmen – mit Beratung und begleitenden Infos zu erreichen als alleine.

Was war deine Motivation, grüne Smoothies zu trinken?

Die Kombination Obst und Grünes schmeckt mir sehr gut, außerdem geht das schneller, als Salat zuzubereiten und jeden Tag Obst zu essen. Das Abnehmen klappte damit super. Meine Energie, die ich täglich brauche als Schulleiterin, ließ aber nicht nach, im Gegenteil: *Ich bekam mehr Power! Der Erfolg beflügelte mich, dranzubleiben.*

Wie hat dir die 30-Tage-Challenge geholfen?

Deine Infos haben Orientierung und Regeln gegeben, die mir halfen, mich schnell in die Materie einzuarbeiten und für mich schmackhafte Kombinationen zu finden. Die Regelmäßigkeit führte zu einem wahren Bedürfnis. Ich freute mich jeden Tag schon auf meinen Smoothie. Ohne ging es nicht mehr! Die 30 Tage haben mir geholfen, kleine Rituale zu entwickeln. Süchtig nach Smoothies möchte ich mich noch nicht nennen – aber die 30 Tage haben mich von den positiven Effekten absolut überzeugt.

Welche körperlichen oder gesundheitlichen Veränderungen beziehungsweise Verbesserungen hast du durch das regelmäßige Trinken grüner Smoothies festgestellt?

Meine Energie ist gestiegen. Und ich habe 12 Kilo verloren. Beides hebt meine Stimmung enorm. Ich fühle mich gut, bin bestens gelaunt und voller Power. Was will man mehr?!

Ninas Erfahrungen

Auch Nina hat es durch die grünen Smoothies geschafft, mehr Pflanzengrün zu sich zu nehmen. Lesen Sie hier ihren Erfahrungsbericht.
Ich bin 23 Jahre alt, Angestellte und komme aus Wien. Ich gehe gerne ins

Fitnesscenter, um einen Ausgleich zu dem stundenlangen Sitzen im Büro zu bekommen. Vor einigen Monaten habe ich mich oft müde und kränklich gefühlt. Laut Arzt und Bluttest war aber alles in bester Ordnung. Durch Zufall bin ich dann auf die 30-Tage-grüne-Smoothies-Challenge von Roman gestoßen und habe mitgemacht. Schon bald hatte ich mehr Energie, fühlte mich wohler und hatte weniger Lust auf Süßigkeiten. Besonders gefallen hat mir, dass Roman keine komplizierten oder aufwendigen Rezepte vorstellte, sodass man sofort Lust bekam, sie auszuprobieren. Auch wurde ich durch ihn neugierig auf Produkte wie beispielsweise Naturkakao, Chia- und Leinsamen.

Als ich dann die Gelegenheit bekam, einen Hochleistungsmixer kostenfrei auszuprobieren, war ich begeistert! Bis zu diesem Zeitpunkt war ich skeptisch: »300 Euro für einen Mixer? Was soll der besser machen als mein kleiner 20-Euro-Mixer?« Danach war es völlig klar: Besserer Geschmack, »smoothigeres« Ergebnis und eine schönere Optik. Ich gebe diesen Mixer nicht mehr her! Der Hochleistungsmixer zerkleinert nicht nur Babyspinat wunderbar, sondern eignet sich auch zum Eismachen sehr gut.

Ein weiterer Punkt, der mir am Smoothie-Trinken gefällt: Ich nehme durch die Smoothies nun endlich regelmäßig ausreichend Salat und Gemüse zu mir. Das habe ich davor trotz gesunder Ernährung nicht geschafft – was mir spürbar gefehlt hat.

Smoothies bringen mir Energie, Freude, Genuss und vor allem ein besseres Lebensgefühl. Danke an Roman für all seine Tipps für den Alltag und für seine Aufforderung, Essen mehr zu genießen und sich dabei auf sich selbst zu konzentrieren. Denn unser Körper ist das Wichtigste, das wir haben.

Wie genau nimmt man ab?

Sie werden sehen: Der grüne Smoothie allein lässt die Kilo nicht purzeln, sondern der Umstand, dass Sie insgesamt weniger Kalorien am Tag zu sich nehmen werden, zum Beispiele wenn Sie Ihr bisheriges Frühstück ganz einfach durch einen grünen Smoothie ersetzen oder generell mehr Lust auf gesunde Nahrung bekommen. Grüne Smoothies helfen Ihnen also nur indirekt beim Abnehmen.

Ich will Ihnen diesen Effekt kurz anhand eines Beispiels veranschaulichen. Angenommen, Sie verbrauchen als Frau während eines Tages 2200 Kalorien. Durchschnittlich nehmen Sie täglich 2300 Kalorien zu sich. Sie nehmen also über die Monate hinweg immer leicht zu, weil Sie jeden Tag 100 Kalorien mehr zu sich nehmen, als Sie verbrauchen. 1 Kilogramm Fett hat circa 7000 Kalorien (abzüglich der notwendigen Verdauungsenergie), was bedeuten würde, Sie haben in 70 Tagen 1 Kilogramm an purem Fett zugelegt.

Jetzt beginnen Sie grüne Smoothies zu trinken. Sie ersetzen Ihr bisheriges Frühstück (700 Kalorien) durch eine große Portion Smoothie (300 Kalorien) und nehmen so plötzlich 400 Kalorien weniger zu sich als früher. Wenn Sie sonst alles beim Alten lassen, nehmen Sie also statt 2300 Kalorien nur noch 1900 Kalorien täglich zu sich. Da Sie 2200 Kalorien verbrauchen, haben Sie ein Kaloriendefizit von 300 Kalorien, wodurch Ihr Körper täglich ein paar Fettreserven abbaut, um sich mit der nötigen Energie zu versorgen.

Um den Abnehm-Effekt weiter zu verstärken, achten Sie nach der 30-Tage-grüne-Smoohies-Challenge auch auf Ihre restliche Ernährung und verbessern Sie diese Schritt für Schritt.

Brechen Sie diese Tipps auf kleine Gewohnheiten runter, wie Sie es zu Beginn des Kapitels gelernt haben, und starten Sie eine neue 30-Tage-Challenge.

So funktioniert die 30-Tage-Challenge

Im Prinzip ist die 30-Tage-Challenge wirklich leicht. Sie wählen einfach einen Monatsersten als Startdatum aus und trinken dann täglich mindestens ein Glas (0,25 Liter) grünen Smoothie, ohne dabei etwas an Ihren sonstigen Ernährungsgewohnheiten zu verändern – 30 Tage lang.

Die optimale Menge

Ich empfehle 0,25 bis 0,5 Liter für die erste Woche. Jedoch kann die Menge je nach Körpergewicht, bisheriger Ernährungsweise und Zeitpunkt des Konsums variieren.

Wenn Sie sich bisher gesund und bewusst ernährt haben (zum Beispiel Vollwerternährung, Vitalkosternährung, vegetarische oder vegane Ernährung), dann starten Sie mit einer größeren Portion à 500 Milliliter in der ersten Woche. Wenn Sie sich bisher normal oder eher ungesund ernährt haben (klassische Hausmannskost, vermehrt Fertigprodukte aus Ofen oder Mikrowelle, Fast Food), dann trinken Sie 250 Milliliter in der ersten Woche.

Einzige Ausnahme: Wollen Sie mit dem grünen Smoothie Ihr Frühstück ersetzen? Dann ist es sinnvoll, ruhig etwas mehr zu trinken (0,35 bis 0,5 Liter), da Sie sonst schnell wieder hungrig sind.

Wenn Sie alles gut vertragen, dann steigern Sie Ihre »Smoothie-Dosis« jede Woche ein wenig. Beginnen Sie lieber mit kleineren Mengen und geben Sie Ihrem Verdauungssystem Zeit, sich an die rohköstliche Mahlzeit mit zahlreichen Ballaststoffen zu gewöhnen. Ich weiß, Sie sind wahrscheinlich im Moment sehr motiviert, aber auch Gutes kann zu viel sein.

Kann man zu viele grüne Smoothies trinken?

Prinzipiell nein, aber hören Sie auf Ihren Körper. Wenn er genug davon hat, dann schmeckt es Ihnen nicht mehr so gut. Je gesünder Sie sich in der Vergangenheit ernährt haben, umso besser verträgt Ihr Verdauungssystem große Mengen an Ballaststoffen und rohen Lebensmitteln.

Der beste Zeitpunkt zum Trinken

Grundsätzlich ist der beste Zeitpunkt, etwas zu essen, immer dann, wenn Sie ein Hungergefühl verspüren und der Magen knurrt. Der Körper ist in diesem Modus sehr aufnahmebereit.

Mein Tipp:

• Entweder Sie trinken Ihren Smoothie direkt nach dem Aufstehen als Frühstück.

• Oder Sie nehmen ihn am Nachmittag als Zwischenmahlzeit ein, circa drei bis vier Stunden nach dem Mittagessen.

Hinweis

Ein grüner Smoothie sollte aufgrund der leichten Verdaulichkeit nicht gemeinsam mit anderen Mahlzeiten oder direkt nach schweren, fetthaltigen oder proteinreichen Mahlzeiten eingenommen werden. Verzehren Sie ihn als Nachspeise, so hält der schwer verdauliche Nahrungsbrei der Hauptmahlzeit den leicht verdaulichen grünen Smoothie auf. Dies kann zu Gärungsprozessen und Blähungen führen.

Motivationstricks zum Durchhalten

Ich habe bereits mehrere Gewohnheiten erfolgreich mit einer 30-Tage-Challenge in mein Leben integriert. Zum Beispiel sechs Sonnengrüße am Morgen – dabei handelt es sich um eine Übungsabfolge aus dem Yoga. Weitere Challenges waren kaltes Duschen, Lesen, Meditieren sowie ein Glas Wasser sofort nach dem Aufstehen trinken. Manchmal ließ die Motivation nach und es brauchte etwas länger als 30 Tage, bis das neue Element

sich wirklich in meinen Tagesablauf integriert hat. Inzwischen hab ich einige Tricks in petto, welche die Erfolgsquote massiv erhöhen. Es handelt sich um die sechs besten Tricks, an die kleine Aufgaben geknüpft sind. Führen Sie die Aufgaben sofort aus!

1. Definieren Sie ein einziges Ziel und fokussieren Sie sich zu 100 Prozent darauf!

Am besten ändern Sie während der 30-Tage-grüne-Smoothies-Challenge sonst nichts weiter an Ihren Ernährungsgewohnheiten. Fokussieren Sie sich voll auf EIN Ziel und formulieren Sie dieses so genau wie möglich – auch wenn es Ihnen kinderleicht vorkommen mag und Sie gern gleich noch zwei andere Gewohnheiten mitändern möchten. Es wird Tage geben, an denen Sie keine Lust haben; dann werden Sie dankbar sein, wenn die Aufgabe sehr einfach zu schaffen ist.

Aufgabe

Entscheiden Sie sich jetzt bewusst, die 30-Tage-grüne-Smoothies-Challenge durchzuziehen! Wann ist für Sie ein guter Zeitpunkt, um mit der Challenge zu starten? Schreiben Sie Ihr Ziel auf ein Blatt Papier! Zum Beispiel: »Ich trinke ab dem 1. April täglich am Morgen direkt nach dem Aufstehen ein Glas grünen Smoothie – 30 Tage lang!«

Bonus: Wir haken alle gerne Dinge ab, die wir erledigt haben. Ich habe für Sie als Leserbonus daher einen 30-Tage-Challenge-Kalender zum Ausdrucken vorbereitet, in dem Sie Ihren täglichen Fortschritt festhalten können. Wenn Sie also einen grünen Smoothie getrunken haben, machen Sie ein Häkchen beim entsprechenden Tag. Mehr Infos dazu finden Sie im Kapitel »Leserbonus«!

2. Erfassen Sie den Status quo und halten Sie Ihre Fortschritte fest!

Wenn Sie einige Kilos verlieren wollen, dann machen Sie zu Beginn der Challenge Fotos von Ihrem Körper und erfassen Sie Ihr Gewicht sowie Ihren Körperfettanteil.

Die Fotos sind wichtig, um sich selbst den Fortschritt zu beweisen. Da wir uns täglich im Spiegel ansehen, bemerken wir es oft nicht, wenn sich etwas verändert. Bestimmt kennen Sie die folgende Situation: Sie treffen Freunde, die Sie lang nicht mehr gesehen haben, und bekommen ein Kompliment für Ihr Aussehen, etwa: »Wow! Du siehst toll aus. Du hast sicher abgenommen/längere Haare/einen flacheren Bauch oder Ähnliches« Sie jedoch wundern sich nur und denken: »Ich sehe doch aus wie immer, oder?«

Erfassen Sie nach Ende der 30-Tage-Challenge erneut Ihr Gewicht und Ihren Körperfettanteil. Messen Sie immer etwa zur selben Uhrzeit, da das Gewicht während des Tages aufgrund der Mahlzeiten sowie Ausscheidungen variieren kann.

Vergleichen Sie nicht nur das Gewicht, sondern auch den Körperfettanteil! Es kann nämlich sein, dass sich Ihr Gewicht nach 30 Tagen nicht verändert hat, obwohl Sie fleißig vier- oder fünfmal die Woche Sport gemacht haben. Dadurch haben Sie weniger Fettgewebe, aber mehr Muskeln. Die Waage mag da keinen Unterschied sehen, aber wer mehr Muskeln und weniger Fett hat, wirkt auf jeden Fall schlanker! Dieser Effekt kommt dadurch zustande, dass das Volumen von Fettgewebe größer ist als das von Muskelgewebe. Würden Sie zwei Personen mit gleichem Geschlecht, gleicher Körpergröße, gleichem Gewicht, aber massiv unterschiedlichem Körperfettanteil gegenüberstellen, so würden Sie genau sehen, wer mehr Muskeln und wer mehr Fett hat. Orientieren Sie sich nicht zu sehr an dem Gewicht! Denn 1 Kubikzentimeter Fett wiegt 0,94 Gramm, 1 Kubikzentimeter Muskeln wiegt 1,05 Gramm. Das Muskelgewebe wiegt also um circa 12 Prozent mehr.

Aufgabe

Stellen Sie sich auf die Waage und bestimmen Sie Ihr Gewicht. Notieren Sie die Uhrzeit, damit Sie sich das nächste Mal zur gleichen Uhrzeit wiegen können. Messen Sie danach mithilfe eines Maßbandes den Umfang Ihrer Oberschenkel und Oberarme, der Hüfte, Taille und Brust. So können Sie feststellen, ob Sie am Ende an Volumen beziehungsweise Fett verloren haben, selbst wenn das Gewicht unverändert bleiben sollte.

3. Überlegen Sie sich ein Warum!

Einen guten Grund zu haben, ist der größte Motivationsfaktor zum Durchhalten, besonders wenn man etwas für andere Menschen tut. Viktor Frankl, ein renommierter österreichischer Neurologe und Psychiater, beschreibt das gut nachvollziehbar in seinem Buch *Man's search for meaning*.

Also: Warum wollen Sie die 30-Tage-Challenge absolvieren?

• Wollen Sie ein Vorbild für Ihren Partner, Ihre Eltern, Ihre Freunde oder Ihre Kinder sein und diese ebenso zu einer gesünderen Ernährung bewegen?

• Wollen Sie möglichst lange gesund bleiben oder wieder gesund werden, um so länger und mehr für Ihre geliebten Menschen da sein zu können?

• Wollen Sie mit viel Energie durch den Arbeitsalltag gehen, um ein wichtiger, unverzichtbarer Mitarbeiter zu sein?

• Wollen Sie etwas weniger industriell verarbeitete oder tierische Produkte essen, um so etwas Gutes für die Umwelt und die zukünftigen Generationen zu tun?

Aufgabe

Nehmen Sie sich jetzt sofort zwei Minuten Zeit und überlegen Sie sich, was Ihre stärkste Motivation ist. Warum wollen Sie grüne Smoothies trinken? Halten Sie Ihre Gedanken auf einem Zettel fest!

4. Freuen Sie sich auf eine Belohnung!

Wenn Sie 30 Tage lang grüne Smoothies trinken, können Sie wirklich stolz auf sich sein. Sie haben einen großen Schritt zu einem fitteren, vitaleren und gesünderen Körper gemacht.

Allerdings belohnen wir uns viel zu selten für schwierige und herausfordernde Dinge, die wir im Alltag meistern. Überlegen Sie sich daher eine echte Belohnung, wenn Sie die Challenge komplett absolvieren.

Was könnte das sein? Hier sind ein paar Ideen:

- ein aufregender Bungee-Sprung,
- eine wohltuende Massage,
- ein entspannendes Badewochenende am See.

Aufgabe

Nehmen Sie sich wieder sofort zwei Minuten Zeit und überlegen Sie sich eine angemessene Belohnung. Womit könnten Sie sich nach einer erfolgreich absolvierten Challenge am besten eine Freude machen? Suchen Sie dann in Google ein passendes Bild, drucken Sie es aus und kleben Sie es an einen häufig frequentierten Platz in Ihrer Wohnung.

5. Erzählen Sie Ihren Freunden davon!

Je mehr Menschen von Ihrem Vorhaben wissen, umso wahrscheinlicher ist es, dass Sie die Challenge komplett absolvieren! Denn die Angst, vor Ihren Freunden das Gesicht zu verlieren und als Schaumschläger dazustehen, ist größer, als doch kurz zum Mixer zu gehen und einen Smoothie zu mixen!

Aufgabe

Nehmen Sie Ihr Telefon in die Hand und erzählen Sie den zwei wichtigsten Menschen in Ihrem Leben, was Sie vorhaben. Eine einfache SMS, WhatsApp oder E-Mail reicht. Sie können natürlich auch anrufen.

6. Führen Sie die Challenge mit Gleichgesinnten durch!

Gemeinsam schafft man mehr! Wenn man etwas in einer Gruppe machen kann, geht es immer leichter von der Hand. Sie haben diese Erfahrung bestimmt schon mal in der Vergangenheit gemacht. Ich hab dazu eine Facebook-Gruppe ins Leben gerufen, in der Sie sich mit Gleichgesinnten austauschen und gegenseitig motivieren können.

Aufgabe

Melden Sie sich bei Facebook an und treten Sie der Facebook-Gruppe »Grüne Smoothies Rezeptetausch«, der offiziellen *Grüne Smoothies & Säfte Community* (Link: *https://www.facebook.com/groups/164261667595 4724/*) bei. Vielleicht ist sogar jemand aus Ihrer Umgebung mit dabei.

Haben Sie alle Aufgaben erledigt? Dann gratuliere ich Ihnen herzlich. Sie haben bereits jetzt einen großen Schritt in die richtige Richtung unternommen. Die Wahrscheinlichkeit, dass Sie die Challenge vollenden, ist nun enorm hoch!

REZEPTE

für 30 Tage

Hier beginnt der Rezepteteil des Buches, in dem Sie alle Rezepte für Ihre persönliche 30-Tage-Challenge finden. Sie müssen die Rezepte nicht akribisch einhalten, wenn Sie einzelne Zutaten nicht bekommen oder Sie diese nicht vertragen. Auch bei der Konsistenz sind die Geschmäcker unterschiedlich. Erhöhen oder verringern Sie daher nach eigenem Belieben die Wassermenge. Sehen Sie die Rezepte einfach als Inspiration!

Portionsangaben

Die Rezepte sind hauptsächlich auf eine 0,5-Liter-Portion abgestimmt, da die meisten Leute den grünen Smoothie am Morgen als Frühstücksersatz zu sich nehmen. Sollte Ihnen das zu viel oder zu wenig sein, so passen Sie die Mengen einfach auf Ihre individuelle Situation an.

Mengenangaben

Ich gebe in den Rezepten häufig die Zutaten in Gramm an. Bei den Früchten ist damit immer nur das Fruchtfleisch gemeint. Beispielsweise wiegt eine mittelgroße Banane 190 Gramm, aber wir verzehren natürlich nicht die Schale. Das Fruchtfleisch wiegt ohne Schale nur 120 Gramm. Eine durchschnittliche Mango wiegt 300 Gramm, das Fruchtfleisch pur nur 200 Gramm. Schale und Kern landen im Komposteimer.

Beim Pflanzengrün erfolgen die Mengenangaben in »Handvoll«. Sie fassen dabei einfach kräftig mit Ihrer Hand in das Grün. Eine kleine Handvoll entspricht circa 25 bis 30 Gramm, eine große 50 bis 60 Gramm. Mit der Zeit bekommen Sie ein Gefühl für die passende Menge.

Woche 1: Einfache Smoothies mit wenigen Zutaten

Wir starten so einfach wie möglich in die erste Woche. Die Rezepte sind daher simpel gehalten, die Zutaten in jedem Supermarkt erhältlich. Im Vordergrund steht der gute Geschmack. Daher ist der Grünanteil bei den Rezepten eher gering gehalten, damit Sie sich schrittweise an den etwas herben oder bitteren Geschmack des Pflanzengrüns gewöhnen.

Zusätzlich habe ich Ihnen eine Einkaufsliste für die erste Woche zusammengestellt, mit der sich alle Zutaten für die Smoothies unkompliziert und schnell in einem Rutsch besorgen lassen.

Wochenaufgabe

Trinken Sie grüne Smoothies mit wenigen Zutaten! Es braucht zu Beginn keine komplexen Rezepte mit vielen Superfoods. Es geht in den ersten Tagen darum zu überprüfen, wie Ihr Verdauungssystem mit der großen Menge an Ballaststoffen umgeht und ob es die gängigen Früchte gut verträgt. Sollten Probleme oder Unverträglichkeiten auftreten, so kommen Sie der Ursache bei einfachen Rezepten mit wenigen Zutaten sehr schnell auf die Schliche. Bei komplizierten Rezepten mit zehn oder mehr Zutaten artet das eher in eine mehrwöchige Detektivarbeit aus.

Tag 1 + 2:

EINSTEIGER-SMOOTHIE

- 1 großer Apfel (insgesamt ca. 200 g)
- 1 kleine Banane (ca. 100 g Fruchtfleisch ohne Schale)
- 1 Handvoll Babyspinat, junger Blattspinat oder Tiefkühlspinat (ca. 50 g)
- 1 EL Zitronensaft
- 150 ml Wasser

Ergibt eine Portion (0,5 Liter) für einen Tag.

Tag 3 + 4:

KIWI TRIFFT KOPFSALAT

- 3 Kiwis (ca. 200 g)
- ½ Birne (ca. 100 g)
- 1 große Handvoll Kopfsalat (ca. 50 g)
- 150 ml Wasser

Ergibt eine Portion (0,5 Liter) für einen Tag.

Tag 5 + 6:

ERDBEER-BANANEN-SMOOTHIE

- 125 g Erdbeeren (frisch oder gefroren)
- 1 Banane (ca. 125 g Fruchtfleisch ohne Schale)
- 1 große Handvoll Kopfsalat (ca. 50 g)
- 1 EL Zitronensaft
- 200 ml Wasser

Ergibt eine Portion (0,5 Liter) für einen Tag.

Hinweis

Die Farbe der Smoothies kann aufgrund der Fruchtzutaten auch braune, pinke oder rötliche Töne annehmen. Der Grund ist das Vermischen des grünen Pflanzenfarbstoffes mit dem roten Pflanzenfarbstoff der Erdbeeren. Das ist wie beim Malen mit Wasserfarben früher in der Schule: Wenn man zwei oder mehr Farben miteinander vermischt hat, kam eine neue Farbe dabei heraus. Lassen Sie sich also nicht verunsichern. Es handelt sich trotzdem noch um einen grünen Smoothie.

Erdbeer-Bananen-Smoothie

Tag 7:

MANGO TRIFFT PETERSILIE

- 1 große Mango (ca. 270 g)
- 1 Bund Petersilie oder Koriander (ca. 20 – 30 g)
- 1 EL Zitronensaft
- 200 ml Wasser

Ergibt eine Portion (0,5 Liter) für einen Tag.

Einkaufsliste für die erste Woche:

Früchte
2 große Äpfel oder 3 mittelgroße
4 Bananen
6 Kiwis
1 Birne
250 g Erdbeeren, frisch oder tiefgefroren
2 Zitronen
1 Mango

Pflanzengrün
1 Packung Babyspinat (125 g) oder Tiefkühlspinat ohne Rahm
1 Kopfsalat/Häuptelsalat
1 Bund Petersilie oder Koriander (30 g)

Woche 2: Frisches Pflanzengrün

Die Rezepte in der zweiten Woche bleiben noch einfach, jedoch versuchen wir, diese Woche die Frische des Pflanzengrüns zu verbessern.

Wochenaufgabe

Finden Sie eine neue Bezugsquelle für frische saisonale und regionale Lebensmittel! Ideen finden Sie in dem Kapitel »Schritt 3: Zutaten besorgen«.
Gehen Sie nur im Notfall in den Supermarkt, denn dort sind die Grünzutaten selten frisch. Bevorzugen Sie lieber einen Wochenmarkt oder einen Bauern mit Ab-Hof-Verkauf. Machen Sie sich ein wenig schlau und versuchen Sie, das frischeste Pflanzengrün zu finden, das bei

Ihnen in der Umgebung erhältlich ist. Behalten Sie im Hinterkopf, dass Sie den grünen Smoothie aufgrund des Pflanzengrüns trinken. Je frischer und hochwertiger Ihre Hauptzutat ist, desto mehr profitieren Sie von Ihrem grünen Smoothie.

Sind Sie sich unsicher, welche Grünzutaten optimal sind, dann sehen Sie im Kapitel »Schritt 2: Zutaten auswählen« bei den Top 10 des beliebtesten Pflanzengrüns nach.

Hinweis

Ab der zweiten Woche sind keine Einkaufslisten mehr im Buch enthalten, weil Sie grüne Smoothies im besten Fall mit regionalen und saisonalen Zutaten selbst zusammenstellen. Nicht alle Zutaten sind das ganze Jahr über verfügbar und es wäre unsinnig, Ihnen im Winter Beeren zu empfehlen, wenn diese nur im Sommer wachsen, oder im Sommer Grünkohl, wenn dieser nur im Winter gedeiht.

Damit der Einstieg ins saisonale Shopping leichterfällt, gebe ich Ihnen für drei Tage in der Woche Rezepte mit saisonalen Zutaten. Oftmals ist nur eine kleine Umstellung im Kopf nötig, beim Einkaufen ab sofort verstärkt auf die Herkunft der Lebensmittel zu achten.

Tag 8 + 9:

TROPISCH-FRUCHTIGER GRÜNER SMOOTHIE

- 2 große Handvoll frisches Pflanzengrün (ca. 120 g)
- ½ Ananas (ca. 400 g)
- 1 kleine Mango (ca. 170 g)
- 1 Orange (ca. 170 g)
- 1 EL Zitronensaft
- 140 ml Wasser

Ergibt zwei Portionen (jeweils 0,5 Liter) für zwei Tage.

Tag 10 + 11:

CREMIGER BLAUBEEREN-SMOOTHIE

- 140 g Blaubeeren
- 2 Bananen (ca. 200 g)
- 1 große Handvoll frisches Pflanzengrün (ca. 60 g)
- 100 ml Wasser

Ergibt eine Portion (0,5 Liter) für einen Tag.

Hinweis

Trinken Sie diesen Smoothie sofort und bewahren Sie ihn nicht im Kühlschrank auf. Die Kombination von Blaubeeren und Bananen ergibt eine besonders cremige Konsistenz, die sich bei längerer Lagerung so stark verdickt, dass Sie den Smoothie nur noch schwer aus der Flasche bekommen. Bereits nach etwa zehn Minuten tritt dieser Effekt ein!

Tag 12 + 13 + 14:

Wählen Sie je nach Jahreszeit den passenden Smoothie aus! Bei diesen Rezepten schlage ich Ihnen bereits saisonal passende Grünzutaten vor. Sollten diese für Sie nicht frisch erhältlich sein, so ändern Sie sie einfach ab.

FRÜHLINGS-SMOOTHIE: BANANEN-VANILLE-TRAUM

- 2,5 – 3 Bananen (ca. 300 g)
- ½ TL Vanillepulver (ohne Zuckerzusatz)
- 1 große Handvoll frischer Babyspinat oder junger Blattspinat (ca. 60 g)
- 140 ml Wasser

Ergibt eine Portion (0,5 Liter) für einen Tag.

SOMMER-SMOOTHIE: BEEREN-TRAUM

- 250 g Beeren (Blaubeeren und/oder Brombeeren und/oder Himbeeren)
- 1 große Handvoll Kopfsalat oder Bataviasalat (ca. 50 g)
- 3 entkernte Deglet-Datteln oder 2 Medjool-Datteln (vorher ca. 20 Minuten in Wasser einweichen)
- 200 ml Wasser

Ergibt eine Portion (0,5 Liter) für einen Tag.

HERBST-SMOOTHIE: TRAUBEN-TRAUM

- ½ Birne (ca. 100 g)
- 200 g weiße Weintrauben (kernlos)
- 1 große Handvoll frischer Mangold (ca. 50 g)
- 150 ml Wasser

Ergibt eine Portion (0,5 Liter) für einen Tag.

WINTER-SMOOTHIE: APFEL-ZIMT-TRAUM

Apfel und Zimt sind eine herrliche Kombination, die sich nicht nur im Apfelstrudel gut macht, sondern auch im Smoothie. Der Zimt wirkt dabei wärmend und verdauungsfördernd.

- 250 g Äpfel (ca. 2 Stück)
- 1 große Handvoll Feldsalat (ca. 50 g)
- 1 gestrichener TL Zimt
- 200 ml Wasser

Ergibt eine Portion (0,5 Liter) für einen Tag.

Herbst-Smoothie: Trauben-Traum

In der dritten Woche wagen wir uns ein wenig aus unserer Komfortzone. Schluss mit den immer eintönigen süßen Smoothies! Wir probieren etwas Neues! Die Bandbreite an Geschmacksrichtungen ist viel höher, als Sie wahrscheinlich erwarten, und Sie sollen in den 30 Tagen möglichst viele kennenlernen.

Wochenaufgabe

Probieren Sie eine Zutat, die Sie noch nie zuvor gegessen haben, und ein neues Rezept, von dem Sie im Vorfeld glauben, dass es Ihnen nicht schmecken wird.

Tag 15 + 16:

ZITRUS-SMOOTHIE – »SAUER MACHT LUSTIG«

Haben Sie Lust auf etwas Saures zum Ausgleich Ihres Säure-Basen-Haushaltes? Obwohl dieser Smoothie sauer schmeckt, wirkt er basenbildend!

Die Zutaten:
- 2 große Handvoll frisches Pflanzengrün (ca. 100 g)
- 1 Grapefruit (ca. 250 g Fruchtfleisch ohne Schale)
- 4 Kiwis (ca. 300 g Fruchtfleisch ohne Schale)
- Saft einer halben Zitrone
- 350 ml Wasser

Ergibt zwei Portionen (jeweils 0,5 Liter) für zwei Tage.

Tag 17 + 18:

GRANATAPFEL-SMOOTHIE

Granatäpfel sind vollgepackt mit Antioxidantien, die Ihre Abwehrkräfte stärken.

Die Zutaten:
- 2 große Handvoll frisches Pflanzengrün (ca. 100 g)
- ½ Granatapfel (ca. 200 g Kerne ohne Schale und Gehäuse)
- 1 große Orange, geschält (ca. 200 g Fruchtfleisch)
- 2 reife Bananen (ca. 250 g Fruchtfleisch)
- 250 ml Wasser

Ergibt zwei Portionen (jeweils 0,5 Liter) für zwei Tage.

Tag 19 + 20 + 21:
Wählen Sie je nach Jahreszeit einen passenden Smoothie aus!

FRÜHLINGS-SMOOTHIE: SCHARF-PIKANTER BÄRLAUCH-SMOOTHIE

- 1 Avocado (ca. 150 g)
- 1 große Handvoll Feldsalat (ca. 50 g)
- 1 kleine Handvoll Bärlauch (ca. 10 – 15 g)
- 4 Stangen Staudensellerie (ca. 200 g)
- 2 EL Zitronensaft
- 1 Prise Steinsalz (ohne Jod)
- Etwas Pfeffer (schwarz)
- 100 ml Wasser

Ergibt eine Portion (0,5 Liter) für einen Tag.

SOMMER-SMOOTHIE: HERZHAFTER TOMATEN-BASILIKUM-SMOOTHIE

Haben Sie Lust auf etwas Pikantes? Ja, man kann auch Früchte wie Tomaten oder Paprika als Basis für grüne Smoothies verwenden. Es muss nicht immer süß sein.

Die Zutaten:
- 3 reife, dunkelrote Strauchtomaten (ca. 330 g)
- ½ Avocado (ca. 80 g)
- ½ Salatgurke (ca. 220 g)
- 2 große Handvoll Kopfsalat (ca. 120 g)
- 1 kleine Handvoll Basilikum
- 1 Prise Steinsalz (ohne Jod)
- Etwas Pfeffer (schwarz)
- 1 EL Zitronensaft
- 250 ml Wasser

Ergibt zwei Portionen (jeweils 0,5 Liter) für zwei Tage.

Hinweis

Sollten Ihnen Avocados nicht schmecken, dann verwenden Sie stattdessen eine kleine rote Paprika.

HERBST-SMOOTHIE: FRANCE-STYLE-SMOOTHIE

- 1 Avocado (ca. 150 g Fruchtfleisch)
- 2 Stangen Stangensellerie (ca. 100 g)
- 1 große Handvoll Frisée-Salat (ca. 50 g)
- 1 TL Kräuter der Provence (Thymian, Rosmarin, Oregano, Majoran)
- 1 Prise Pfeffer
- 1 Prise Steinsalz
- 1 EL Zitronensaft
- 200 ml Wasser

Ergibt eine Portion (0,5 Liter) für einen Tag.

WINTER-SMOOTHIE: BITTER-SMOOTHIE

Haben Sie Lust auf etwas Bitteres zur Anregung der Leber und Verdauung? Chicorée enthält zum Beispiel Intybin. Dieser Bitterstoff fördert die Verdauung, indem er die Bildung von Magen- und Pankreassaft anregt.

- 2 Orangen (ca. 350 g Fruchtfleisch)
- 1 große Banane (ca. 150 g Fruchtfleisch)
- 2 Handvoll Feldsalat (ca. 100 g)
- 1 Handvoll Endiviensalat/Zuckerhut/ Chicorée/Radicchio (ca. 50 g)
- 350 ml Wasser

Ergibt zwei Portionen (jeweils 0,5 Liter) für zwei Tage.

Herbst-Smoothie: France-Style-Smoothie

Woche 4: Mehr Pflanzengrün im Smoothie

Die Einsteiger-Smoothies bestehen aus einem großen Anteil an Früchten. In der letzten Woche verändern wir dieses Verhältnis zugunsten des Pflanzengrüns.

Wochenaufgabe

Erhöhen Sie den Grünanteil in Ihren grünen Smoothies! Sie müssen nicht genau die Menge in den Rezepten einhalten, sollte Ihnen der Geschmack zu intensiv sein, aber versuchen Sie, deutlich mehr Pflanzengrün als in den Wochen zuvor zu verwenden!

Tag 22 + 23:

MELONEN-SMOOTHIE

- ¼ Wassermelone (ca. 300 g Fruchtfleisch mit Kernen)
- 1 Bund Petersilie (ca. 30 g)
- 10 – 12 Blätter Minze
- ¼ Bio-Zitrone
- 1 Glas Wasser (150 ml)

Ergibt eine Portion (0,5 Liter) für einen Tag.

Frühlings-Smoothie: Fresh Greeny von Marc

Tag 24 + 25:

BEEREN-POWER-SMOOTHIE – »DER JUNGBRUNNEN«

- Beeren-Mix aus Heidelbeeren, Erdbeeren und Brombeeren (ca. 500 g)
- 3 große Handvoll Kopfsalat (ca. 150 g)
- 6 Deglet-Datteln oder 3 Medjool-Datteln (vorher ca. 20 Minuten in Wasser einweichen)
- 350 ml Wasser

Ergibt zwei Portionen (jeweils 0,5 Liter) für zwei Tage.

Tag 26 + 27 + 28:
Wählen Sie je nach Jahreszeit einen passenden Smoothie aus!

FRÜHLINGS-SMOOTHIE: FRESH GREENY VON MARC

Als kleinen Bonus habe ich hier für Sie das Gewinnerrezept vom *Grüne Smoothies & Säfte* »Lieblingsrezept-Contest«. Die eingereichten Rezepte haben mich sehr bei der Erstellung der im Buch vorhandenen Rezepte unterstützt.

Die Zutaten:
- 125 g Feldsalat
- 1 Apfel (ca. 175 g)
- 1 Birne (ca. 175 g)
- ½ Gurke (ca. 200 g)
- ½ Zitrone (ca. 40 g)
- 1 kleines Stück Ingwer
- 150 ml Wasser

Ergibt zwei Portionen (jeweils ca. 0,45 Liter) für zwei Tage.

SOMMER-SMOOTHIE: SMOOTHIE »ITALIAN STYLE« VOM LEBENSWERT-LADEN IN WIEN

Dieses Rezept stammt von Lydia Hopfgartner, der Betreiberin vom Lebenswert-Laden in Wien. Sie mixt täglich frische grüne Smoothies mit saisonalen Zutaten für ihre Kunden und hat mich dazu inspiriert, diese Zutatenkombination auszuprobieren.

- 2 Pfirsiche (ca. 250 g)
- 5 Marillen/Aprikosen (ca. 250 g)
- 2 große Handvoll Lollo bionda (ca. 120 g)
- 1 kleine Handvoll Rucola (ca. 30 g)
- 1 EL Zitronensaft
- 350 ml Wasser

Ergibt zwei Portionen (jeweils 0,5 Liter) für zwei Tage.

HERBST-SMOOTHIE: ANTI-ERKÄLTUNGS-SMOOTHIE

- 1 große Handvoll Palmkohl/Schwarzkohl (ca. 60 g)
- 1 Banane (ca. 120 g)
- 1 Orange, geschält (ca. 170 g)
- 150 ml Wasser

Ergibt eine Portion (0,5 Liter) für einen Tag.

WINTER-SMOOTHIE: WÄRMENDER ANANAS-SMOOTHIE

- 230 g Ananas
- 1 sehr große Handvoll Postelein (Winterportulak) (ca. 70 g)
- 1 Prise Chili oder 1 Messerspitze Cayennepfeffer
- 200 ml Wasser

Ergibt eine Portion (0,5 Liter) für einen Tag.

Tag 29:

ROMANS TRAUM IN GRÜN

Sie haben es fast geschafft! Zum Abschluss der Challenge verrate ich Ihnen das Rezept für meinen Lieblingssmoothie. Ich mag es gern fruchtig, cremig und süß! Probieren Sie dieses Rezept aus, es wird Ihnen bestimmt auch schmecken!

- ¼ Ananas (ca. 200 g Fruchtfleisch)
- 1 Mango (ca. 250 g Fruchtfleisch)
- ¼ Avocado (ca. 80 g)
- 4 Mangoldblätter (ca. 30 – 40 g)
- 2 große Handvoll Romanasalat (ca. 120 g)
- 1 EL Zitronensaft
- 1 Vanilleschote oder ¼ TL Vanillepulver (ohne Zucker)
- 350 ml Wasser

Ergibt eine extragroße Portion (ca. 1 Liter).

Tag 30:

DER KRÖNENDE ABSCHLUSS

Sie haben mittlerweile viele Rezepte und Grüne-Smoothies-Variationen kennengelernt. Erinnern Sie sich vielleicht zurück: Was hat Ihnen besonders gut geschmeckt? Bei welchen Zutaten läuft Ihnen das Wasser im Mund zusammen?
Kreieren Sie für den letzten Tag Ihr eigenes Lieblingsrezept und halten Sie sich dabei an die folgende Rezeptformel, dann gelingt Ihnen Ihr persönlicher Traum-Smoothie garantiert!

- 250–300 g Früchte (1 – 2 Fruchtzutaten)
- 1 große Handvoll frisches Pflanzengrün (ca. 50 – 60 g)
- 150–200 ml Wasser
- Optional: 1 Gewürz oder 1 Kraut zur Geschmacksoptimierung

Ergibt eine Portion (0,5 Liter) für einen Tag.

Wie geht es weiter?

Glückwunsch! Sie haben es geschafft. Ich hoffe, es wartet eine tolle Belohnung auf Sie.

Lassen Sie mich wissen, wie es Ihnen gefallen hat und welche Erfolge Sie feiern konnten. Senden Sie mir dazu Ihr Feedback über das Formular auf dieser Seite: *http://www.gruene-smoothies.info/30-tage-challenge-feedback/*

Wünschen Sie sich weitere kostenlose Infos? Dann folgen Sie am besten meiner Facebook-Seite *Grüne Smoothies & Säfte* oder meinem Blog. Dort poste ich regelmäßig neue Rezepte, die Ihnen als Inspiration dienen können. Oder melden Sie sich für meinen kostenlosen Newsletter an, in dem ich regelmäßig über neue Beiträge, Gewinnspiele, Aktionen und Veranstaltungen informiere.

Hier gelangen Sie zur Anmeldung:*http://www.gruene-smoothies.info/newsletter-anmeldung/*

Ansonsten können Sie mit der Rezepteformel und den Zutatenlisten monatelang verschiedene Smoothies mixen.

Ideen für Variationen von grünen Smoothies

Haben Sie nach den 30 Tagen Lust auf Abwechslung bekommen? Dann finden Sie hier einige Ideen, um den Smoothie-Alltag vielfältiger zu gestalten. Mit wenig Erfahrung traut man sich selten an neue Kreationen. Ich will Sie trotzdem ermutigen, regelmäßig Neues auszuprobieren. Die Variationen reichen von flüssig bis zu cremig, von süß über sauer und bitter bis hin zu pikant, von leicht bekömmlich bis hin zu sehr sättigend. Durch das Testen neuer Rezepte finden Sie mit Garantie neue Kombinationen, die Ihnen hervorragend munden.

Cremige Smoothies

Schmecken Ihnen cremige Smoothies am besten? Dann verwenden Sie Avocados, Bananen, Mangos, Spinat, Blaubeeren oder Chia-Samen als Zutaten. Des Weiteren können Sie diese Lebensmittel einsetzen, damit sich Ihre Smoothie-Bestandteile nicht mehr voneinander absetzen. Dies passiert häufig, wenn man nur Äpfel und Salat als Zutaten verwendet. Bananen und Avocados wirken besonders bindend und sorgen dafür, dass die cremige Konsistenz entsteht beziehungsweise erhalten bleibt.

Pikante Smoothies

Lieben Sie herzhafte Gerichte und Suppen? Dann probieren Sie unbedingt einen pikanten Smoothie mit Fruchtgemüse wie zum Beispiel Avocado, Gurke, Tomate, Paprika oder Zucchini. Gewürzt mit ein wenig Salz, Pfeffer und Zitronensaft ergibt dies eine herrliche Kaltschale zur inneren Kühlung des Körpers im Sommer.

Bittere Smoothies

Während meiner 30-Tage-Challenge bekam ich starke Lust auf bittere Wintersalate wie Chicorée, Zuckerhut, Endiviensalat oder Radicchio. Ergänzen Sie diese Zutaten in Ihrem Smoothie für die bittere Note. Auch Löwenzahn oder Sauerampfer enthalten viele Bitterstoffe, die sich positiv auf die Verdauung auswirken.

Saure Smoothies mit Zitrusfrüchten

Saure Smoothies wirken basenbildend und regulieren den Säure-Basen-Haushalt. Verwenden Sie dafür Zitrusfrüchte oder Beeren. Zum Beispiel Grapefruits, Zitronen, Limetten oder Stachelbeeren, wobei manche Früchte auch süß schmecken können.

Scharfe, wärmende Smoothies

Ist Ihnen öfters kalt nach dem Verzehr von grünen Smoothies, speziell im Winter? Dann verwenden Sie handwarmes Wasser und wärmende Gewürze wie Ingwer, Chili, Cayennepfeffer, Kardamom, Pfeffer oder Zimt. Die wärmenden Gewürze regen den Stoffwechsel an, das handwarme Wasser sorgt für ein wohlig warmes Gefühl im Bauch. In der kalten Jahreszeit mixe ich meine Smoothies ausschließlich auf diese Weise.

Sättigende Smoothies

Sind Sie hungrig nach dem Trinken von grünen Smoothies? Dann erhöhen Sie den Fruchtanteil, trinken Sie die doppelte Menge und ergänzen Sie den grünen Smoothie mit Avocado, Chia-Samen und roh-veganem Proteinpulver auf Basis von Reis- oder Hanfsamen. Mit diesen drei Zutaten und ausreichend Früchten sind Sie bestimmt satt bis zur nächsten Mahlzeit.

Kühlende Smoothies

Schwitzen Sie im Sommer häufig oder ist die Hitze für Sie unerträglich? Dann helfen kühlende Früchte wie Gurken, Tomaten, Zucchini, Stangensellerie, Pfirsiche, Beeren und alle anderen Sommerfrüchte.

Aphrodisierende Smoothies

Wollen Sie Ihren Liebsten oder Ihre Liebste an einem romantischen Abend verführen? Dann verwenden Sie Erdbeeren, Granatäpfel, Bananen, Feigen, Maca, Kakao, Vanille oder Ingwer. All diese Lebensmittel enthalten natürlich anregende und aphrodisierende Inhaltsstoffe, die Lust und Ausdauer beim Liebesspiel erhöhen.

Superfood-Smoothies
Wollen Sie Ihren Smoothie zu einer richtigen Anti-Aging-Wunderwaffe aufrüsten? Dann verwenden Sie entweder Wildkräuter oder ein Superfood wie zum Beispiel Acai (Antioxidantien-Bombe zum Schutz Ihrer Zellen), Aloe vera (entzündungshemmend, antibakteriell), Goji-Beeren, Algen (wie zum Beispiel Chlorella oder Spirulina), Maca, Kakaopulver, Vanille, Lucuma, Hanfsamen (unglaublich proteinreich), Leinsamen oder Chia-Samen (reich an Omega-3-Fettsäuren).

Smoothies mit Gewürzen und Kräutern
Verwenden Sie Spezialzutaten wie zum Beispiel Küchenkräuter oder Gewürze. Petersilie, Basilikum, Koriander, Oregano, Majoran, Pfefferminze oder Liebstöckel peppen Ihren Smoothie geschmacklich auf.

Kalorienarme Smoothies
Wollen Sie trotzdem möglichst kalorienarme Smoothies mixen? Dann vermeiden Sie möglichst fetthaltige Lebensmittel wie Kokosnüsse, Avocados oder Samen. Verzichten Sie so gut es geht auf Süßungsmittel wie Honig und verwenden Sie keine Fruchtsäfte, auch keine frisch gepressten.

SPEZIELLE

LEBENSSITUATIONEN

und gesundheitliche Herausforderungen

Sind Sie häufig unterwegs und wollen trotzdem nicht auf grüne Smoothies oder Pflanzengrün verzichten? Ich kenne ein paar Menschen, die als digitale Nomaden fast ausschließlich reisen und dennoch absolute Grüne-Smoothies-Fans sind. In der heutigen Zeit gibt es immer Lösungen, um diese Herausforderungen zu meistern.

1. Grüne Smoothies mitnehmen

Bei kurzen (Wochenend-)Trips mixen Sie 2 bis 3 Liter grüne Smoothies im Voraus und füllen Sie diese in (dunkle) Glasflaschen ab. Eine Kühlbox und Kühlpads zum Transport haben Sie wahrscheinlich zu Hause. Gekühlt und lichtgeschützt sind Ihre heiß geliebten Smoothies problemlos für ein oder zwei Tage haltbar.

Tipp

Verzichten Sie beim Mixen auf jeden Fall auf Bananen oder andere eiweißhaltige Zutaten, da ein zu hoher Eiweißanteil im Smoothie zu stärkeren Geschmacksveränderungen führt.

2. Vor Ort mixen

Als eingefleischter Smoothie-Fan könnten Sie sich für längere Reisen einen kleineren, transportablen Mixer zulegen. Diese passen gut in den Koffer und verfügen über einen praktischen Mixbehälter, bei dem man den Inhalt nicht extra in eine Glasflasche umfüllen muss. Sie schrauben nach dem Mixen einfach nur die Messer ab und stattdessen den Deckel drauf.

Erfahrungsbericht von Robert, einem Unternehmer, der viel unterwegs ist und immer seinen Mixer dabeihat:

Es vergeht so gut wie kein Tag, an dem ich nicht einen großen grünen Smoothie trinke. Für mich ist diese Kombination aus mineralstoffreichem, ultragesundem Blattgrün und süßem, saftigem Obst einfach perfekt!

Obwohl ich als digitaler Nomade sehr viel unterwegs bin, schaffe ich es doch immer, meinen täglichen grünen Smoothie zu bekommen. Auch wenn das manche Menschen befremdet, reise ich immer mit meinem Mixer. Allein dieses Jahr war mein Mixer mit mir schon in Südtirol, auf Gran Canaria, in Barcelona, Prag, Amsterdam und während ich diese Zeilen schreibe, sitze ich gerade im Flieger nach Bali – mit dem Mixer zwischen den Füßen. Das ist es mir einfach wert, denn ein Start in den Tag ohne einen grünen Smoothie ist für mich undenkbar.

Er verleiht mir Energie für den ganzen Tag und stellt für mich die perfekte Mahlzeit dar: schnell, gesund und superlecker.

Seit Neuestem »trinke« ich meinen grünen Smoothie nur noch selten und ziehe die Variante als Smoothie-Bowl vor. Ich kippe den dickflüssigen grünen Smoothie in eine Schüssel und packe frische Beeren, eine Banane und etwas Knuspriges (Kokosraspeln/Goji-Beeren/Maulbeeren) obendrauf – fertig ist mein Frühstück. Das ist auch eine gute Maßnahme für alle, die Schwierigkeiten damit haben, ein Getränk als Mahlzeit anzusehen. Außerdem ist man, wenn man den Smoothie löffelt, weniger in der Gefahr, ihn viel zu schnell runterzukippen – denn die Verdauung beginnt bekanntlich schon im Mund.

Für mich ist mein täglicher grüner Smoothie Teil einer insgesamt gesunden, rohkostbasierten Ernährungsweise. Aber auch für jeden, bei dem noch Tiefkühlpizza, Burger und Co. auf dem Speiseplan stehen, sind grüne Smoothies ausgesprochen empfehlenswert. Sie versorgen den Körper mit dringend benötigten Vitaminen und Mineralstoffen und sollten meiner Meinung nach bei jedem Menschen auf dem täglichen Speiseplan stehen.

3. Grüner-Smoothie-Würfel und Pulver als Ersatzgrün

Wenn Sie auf Reisen Schwierigkeiten haben, an frisches Pflanzengrün zu kommen, sind Grüner-Smoothie-Würfel aus Moringa eine gute Alternative. Diese erhalten Sie in Bioläden, Reformhäusern oder im Internet.

Moringa oleifera ist ein Baum und stammt ursprünglich aus der Himalaja-Region in Nordwestindien. Mittlerweile wächst er in allen tropischen und subtropischen Gebieten. Vielleicht kennen Sie ihn unter dem Namen »Meerrettichbaum«. Die Einheimischen nennen ihn aufgrund des hohen Gehaltes an Nährstoffen, Vitaminen und Mineralstoffen in seinen Blättern liebevoll »Wunderbaum«. Auch das Blattpulver ist als Nahrungsergänzungsmittel in vielen Online-Shops erhältlich.

Moringa kann zu Beginn etwas gewöhnungsbedürftig schmecken, daher fügen Sie am besten Bananen und/oder Avocado hinzu. Diese Früchte gleichen den scharfen Geschmack wunderbar aus. Auch die Beigabe von Datteln oder Honig leistet gute Dienste.

Das Rezept:
- 1 Grüner-Smoothie-Würfel auf Moringa-Basis
- 1 Banane
- 1 Apfel
- 100 ml Wasser

4. Grüne Smoothies oder grüne Säfte kaufen

Diese Möglichkeit nehme ich bei Städtereisen sehr häufig in Anspruch. Ich finde, im Urlaub darf man der Bequemlichkeit frönen. Der einzige Nachteil ist der Preis! Wenn man sich Smoothies und Säfte in guter Qualität mit frischen Zutaten wünscht, ist das leider nicht besonders preiswert ...

Suchen Sie in Google Maps, Yelp, TripAdvisor oder ähnlichen Programmen nach Läden, die einen Vegan- oder Rohkost-Schwerpunkt haben, denn diese verkaufen häufig auch Smoothies oder Säfte. Alternativ geben Sie direkt die Suchbegriffe »green smoothies«, »green juices«, »smoothies«, »juices«, »raw food« oder vergleichbare Wörter in der jeweiligen Landessprache ein. Ich bin damit immer fündig geworden.

GRÜNE SMOOTHIES FÜR KINDER

Auch Kinder lassen sich mit Spaß, einem guten Geschmack sowie lockerem Umgang für grüne Smoothies begeistern. Vor allem wenn Sie mit gutem Beispiel vorangehen, stehen die Chancen hoch, dass der Nachwuchs von ganz allein mitzieht.

Ich gebe zu, ich habe noch keine Kinder und bin kein Pädagoge – aber ich durfte im Zuge der Food Revolution Events in Wien einiges im Umgang mit Kindern lernen. Jamie Oliver, der Star-Koch aus Großbritannien, hat diese Initiative ins Leben gerufen, um schon den Kleinen gesundes Essen auf spielerische Art und Weise näherzubringen. Aktuell finden einmal jährlich in über 100 Ländern Food-Revolution-Veranstaltungen statt. Ich hoffe, es kommen noch viele hinzu!

1. Spaß bei der Vorbereitung

Lassen Sie die Kinder schon bei der Zubereitung mithelfen, auch wenn das Ganze dadurch viel länger dauert.

2. Vorkosten

Lassen Sie die Kinder die Fruchtzutaten vor dem Mixen kosten. Wenn ihnen die Zutaten vor dem Mixen schmecken, stehen die Chancen gut, dass ihnen der Smoothie nach dem Mixen ebenfalls schmeckt.

3. Mehr Obst

Kinder mögen es gern süß. Der gute Geschmack soll im Vordergrund stehen. Verwenden Sie daher verhältnismäßig viel Obst. Befüllen Sie Ihren Mixbehälter mit $2/3$ Früchten und $1/3$ Pflanzengrün.

4. Mildes Pflanzengrün

Verwenden Sie mildes, wohlschmeckendes Pflanzengrün wie Babyspinat, Feldsalat oder Kopfsalat.

5. Keine dunklen Früchte

Vermeiden Sie zu Beginn dunkle Früchte wie Beeren, die den Smoothie braun färben. Das wirkt für viele unappetitlich.

6. Undurchsichtige Gefäße

Servieren Sie die ersten Smoothies in blickdichten Pappbechern oder Kaffeetassen. Es gibt Kinder, die sich vor der grünen Farbe ekeln.

7. Kinderinstinkte

Zwingen Sie die Kinder keinesfalls, alles auszutrinken. Akzeptieren Sie, wenn es ihnen nicht schmeckt oder wenn sie genug haben. Stattdessen lassen Sie die Kinder einfach immer wieder probieren und gehen Sie mit gutem Beispiel voran. Sie springen ganz automatisch auf den Zug auf und entwickeln im Laufe der Zeit ein Interesse für Ihre Leidenschaft.

8. Coole Namen

Geben Sie dem grünen Smoothie einen pfiffigen Namen und erzählen Sie eine kleine Geschichte dazu. Das macht den Smoothie gleich viel cooler und interessanter! »Lachender Schimpanse«, »Der grüne Zaubertrank von Miraculix« oder »Das Kraftessen von Popeye« haben sich bei mir bewährt.

Ein süßes Kinderrezept:

- 1 große Handvoll Kopfsalat oder Babyspinat (wenn es richtig grün werden soll) (ca. 60 g)
- 1 große Mango (ca. 250 g)
- 1 Orange (ca. 200 g)
- 1 Banane (ca. 110 g)
- 350 ml Wasser

Ergibt zwei Portionen zu jeweils 0,5 Liter.

Grüne-Smoothies-Eis-Rezept:

Tipp für den Sommer

Füllen Sie den grünen Smoothie in Stieleisformen und verführen Sie die Kinder mit Grüne-Smoothies-Eis. Sie werden es lieben!

- 1 Apfel
- 1 Banane
- 1 Birne
- 150 ml Orangensaft
- 1 Avocado
- 2 Handvoll Babyspinat oder junger Blattspinat (ca. 80 g)
- 1 TL Limettensaft
- 3 EL Honig

Mixen Sie alles zu einer cremigen Konsistenz und füllen Sie den Smoothie in Stieleisformen. Stecken Sie Holzstiele hinein und lassen Sie das Eis über Nacht im Tiefkühlschrank gefrieren. Um das Eis aus der Form zu lösen, tauchen Sie dieses kurz in warmes Wasser.

GRÜNE SMOOTHIES IN DER SCHWANGERSCHAFT UND BEIM STILLEN

Prinzipiell sind grüne Smoothies in der Schwangerschaft und beim Stillen unbedenklich, denn sie enthalten nur natürliche Zutaten, nämlich Früchte, Wasser und Pflanzengrün. Besonders Folsäure, ein wichtiges Vitamin gerade in den ersten Wochen der Schwangerschaft, ist in größeren Mengen in Früchten und Pflanzengrün enthalten. Es hilft Ihrem Baby, das Neuralrohr zu entwickeln und zu schließen.

Aber abgesehen von den Vitaminen ist es meiner Meinung nach wichtig, dass Ihnen das Essen schmeckt und Sie sich wohlfühlen. Denn die Faustregel lautet: Geht es Ihnen gut, so geht es auch Ihrem Kind gut. Versuchen Sie daher, besonders die folgenden Tipps einzuhalten.

1. Körperreaktionen

Beobachten Sie die Körperreaktionen von sich und Ihrem Kind sehr genau, zum Beispiel Sodbrennen, Aufstoßen, Blubbern, Blähungen und andere Verdauungsprobleme.

2. Leicht verträgliches Pflanzengrün

Verwenden Sie leicht verträgliches Pflanzengrün wie Babyspinat, Feldsalat, Postelein, Portulak oder diverse Sommersalate.

3. Neuartiges oder Intensives meiden

Meiden Sie neuartige Superfoods, scharfen Rucola, intensiven Kohl, Küchenkräuter und stark wirksame Wildkräuter. Gewisse Kräuter können im Übermaß konsumiert die Milchproduktion hemmen (zum Beispiel Petersilie, Hibiskus, Salbei, Pfefferminze) oder vorzeitige Wehen auslösen. Informieren Sie sich vor dem Konsum von Spezialzutaten ausführlich oder holen Sie sich im Zweifelsfall Unterstützung von einem Ernährungsberater.

4. Kleine Mengen

Starten Sie mit einem kleinen Glas (0,25 Liter) pro Tag, damit es weder zu Entgiftungserscheinungen noch zu einer Rückvergiftung kommt. Beides würde dann auch das Kind betreffen.

Hinweis

Wenn Sie weniger Erfahrung mit der Änderung von Ernährungsgewohnheiten haben, rate ich Ihnen davon ab, die Grüne-Smoothies-Challenge während der Schwangerschaft oder beim Stillen zu starten. Für erfolgreiche Ernährungsumstellungen ist ein ausgeprägtes Körperbewusstsein sehr wichtig. In den Phasen vor und nach der Geburt ändert sich dermaßen viel für Sie, dass es Ihnen möglicherweise schwerfallen kann, noch eine Veränderung mehr in den Alltag aufzunehmen. Versuchen Sie bloß nicht, etwas zu erzwingen.

GRÜNE SMOOTHIES FÜR SPORTLER

Als Sportler verbraucht Ihr Körper in der Regel mehr Kalorien und Ihr Eiweißbedarf liegt deutlich höher als bei Menschen, die weniger aktiv sind. Sie finden hier perfekt abgestimmte Rezepte für einen Smoothie vor dem Training, einen nach dem Training und einen zum gezielten Masseaufbau.

Vor dem Training

Nehmen Sie 20 Minuten vor dem Training einen Pre-Workout-Smoothie mit Matcha-Pulver und Früchten zu sich, der den Körper belebt und schnell verfügbare Kohlenhydrate liefert.

- 1 Orange (ca. 170 g)
- 1 Apfel (ca. 170 g)
- 1 Handvoll Kopfsalat (ca. 60 g)
- 1 TL Matcha-Pulver
- 1 EL Zitronensaft
- 100 ml Wasser

Ergibt eine Portion (ca. 0,5 Liter).

Nach dem Training

Direkt nach dem Training eignet sich ein Post-Workout-Smoothie mit roh-veganem Proteinpulver (auf Basis von Erbsenprotein, Hanfsamenprotein oder Reisprotein) und einem hohen Grünanteil. Damit unterstützen Sie vor allem Regeneration und

Muskelaufbau. Besonders frisches Pflanzen-grün und Heidelbeeren führen zu einer schnel-leren Regeneration nach sportlichen Belas-tungen.

- 2 kleine Bananen (ca. 200 g)
- 100 g Heidelbeeren
- 2 Handvoll Babyspinat oder Mangold (ca. 100 g)
- 2 EL Proteinpulver (Erbsenprotein, Hanfsamenprotein, Reisprotein)
- 100 ml Kokoswasser (am besten von einer jungen Kokosnuss)

Ergibt eine Portion (ca. 0,5 Liter).

Tipp

Bevorzugen Sie immer veganes Protein-pulver aus Erbsen-, Hanfsamen- oder Reisprotein, da es den Stoffwechsel weniger belastet und schneller ver-daut wird als tierisches Protein.

Für den Masseaufbau

Wollen Sie Ihr Gewicht erhöhen, dann mixen Sie kalorienreiche Smoothies. Erhöhen Sie dabei den Fruchtanteil und ergänzen Sie den Smoothie mit gesunden Fetten wie zum Beispiel Avocado, Kokosmus, Chia-Samen, Leinsamen oder Hanfsamen. Optio-nal fügen Sie dann wieder zwei Esslöffel Proteinpulver hinzu. Mit diesen Zutaten be-kommen Sie einen ausgewogenen Smoothie, der alle Makronährstoffe (Fette, Eiweiß und Kohlenhydrate) enthält.

- 1 Avocado (ca. 120 g Fruchtfleisch)
- 1 Mango (ca. 250 g Fruchtfleisch)
- 1 ½ Bananen (ca. 180 g Fruchtfleisch)
- 1 Kopf Römersalat ohne Strunk (ca. 120 g)

- 1 EL Kokosmus oder Mandelmus (am besten in Bio- und Rohkostqualität)
- 2 EL Chia-Samen (für 20 Minuten in Wasser eingeweicht)
- Optional: 2 gehäufte EL Proteinpulver (Erbsenprotein, Hanfsamenprotein, Reisprotein)
- 300 ml Wasser

Ergibt eine große Portion (ca. 1 Liter).

Hinweis

Zutaten in Rohkostqualität wurden während der Verarbeitung nicht über 42 Grad Celsius erhitzt. Warum ist das wichtig? Ab dieser Temperatur gehen die ersten hitzeempfindlichen Vitamine und Enzyme verloren, welche unter anderem den Stoffwechsel positiv beeinflussen. Des Weiteren denaturieren Eiweiße, sprich, die Molekularstruktur verändert sich. Sie können diesen Effekt beim Spiegeleibraten beobachten, wenn das flüssige, noch durchsichtige Eiweiß fest und weiß wird. Durch die Rohkostqualität stellen Sie also Naturbelassenheit und ein Maximum an Nährstoffen sicher.

GRÜNE SMOOTHIES STATT KAFFEE

Für das konzentrierte Arbeiten sind vor allem B-Vitamine, ausreichende Wasserzufuhr und die Zuckerversorgung des Gehirns sehr wichtig. Fehlen diese Dinge, dann merken Sie das meist in Form von Kopfschmerzen, Stimmungsschwankungen, Müdigkeit und Konzentrationsstörungen. Oft treten diese Symptome auch nach einer fröhlichen Partynacht auf, bei der man eventuell ein paar Gläser zu viel getrunken hat. Durch den Alkoholkonsum dehydriert der Körper, der Hormonaushalt wird gestört, es besteht ein erhöhter Bedarf an B-Vitaminen, und zum Abbau der Toxine wird viel Zucker (Glucose) benötigt.

Katerähnliche Symptome können auch auftreten, wenn Sie zu wenig Wasser trinken oder sich vitalstoffarm ernähren. Auch ein übermäßig reichhaltiges Mittagessen

kann am Nachmittag zu einem Stimmungs- und Leistungstief führen. Um irgendwie durch den Tag zu kommen, trinken viele Leute in solchen Situationen vermehrt Kaffee und Energy-Drinks.

Ich habe einen besseren Vorschlag: Trinken Sie einen grünen Smoothie! Grüne Smoothies enthalten alles, was Sie brauchen, um wieder wach und fit zu werden: schnell verwertbaren, natürlichen Zucker, Wasser zur Hydration des Körpers und ein breites Spektrum an Vitaminen, Mineralstoffen, Spurenelementen sowie sekundären Pflanzenstoffen, die ein Höchstmaß an Konzentration sicherstellen.

Probieren Sie daher in den kommenden Wochen doch einfach mal, statt Kaffee oder Energy-Drinks einen grünen Smoothie zu sich zu nehmen.

Matcha als natürlicher Energie-Booster

Sind Sie an einem Tag trotzdem besonders müde, so ergänzen Sie den grünen Smoothie mit Matcha-Pulver. Matcha-Tee enthält Koffein, wodurch er belebend wirkt, außerdem wirkt die enthaltene Aminosäure L-Theanin ausgleichend und stressreduzierend.

Des Weiteren enthält Matcha einen Stoff namens Epigallocatechingallat, kurz EGCG. In zahlreichen Studien wurde bewiesen, dass dieser Stoff sich unglaublich positiv auf die Gesundheit auswirken kann, beispielsweise hat er eine entzündungshemmende Wirkung und kann sogar das Wachsen eines Tumors hemmen. Allerdings geht aus den Studien nicht einwandfrei hervor, dass diese Wirkungen allein dem EGCG zuzuschreiben sind oder eher dem Zusammenspiel mit anderen Pflanzenstoffen.

Wie auch immer, mit Matcha holen Sie sich einen echten Energieschub. Ein doppelter Espresso (50 Milliliter) beinhaltet circa 50 bis 60 Milligramm Koffein. Damit Sie mit Matcha-Tee dieselbe Wirkung für diese Menge erzielen, benötigen Sie etwa 2 Gramm Matcha-Pulver, das entspricht zwei Bambuslöffeln oder einem gestrichenen Teelöffel.

- ¼ Ananas (ca. 200 g)
- ½ Orange (ca. 100 g)
- 12 Blätter frische Minze
- 2 große Handvoll Babyspinat (ca. 100 g)
- 1 gestrichener TL Matcha-Pulver
- 2 EL Zitronensaft

- 100 ml Wasser
- Die Minze und der Zitronensaft sorgen zusätzlich für eine erfrischende Wirkung.

Ergibt eine Portion (ca. 0,5 Liter).

MASSNAHMEN GEGEN ENTGIFTUNGSERSCHEINUNGEN

Entgiftungserscheinungen sind eine der häufigsten Nebenwirkungen der Grüne-Smoothies-Challenge und ein Zeichen dafür, dass Ihre Ausscheidungsorgane (vor allem Haut und Nieren), aber auch Ihr Lymphsystem und Ihre Leber überfordert sind. Sie treten vor allem bei radikalen Ernährungsumstellungen, »Detox-Kuren« oder auch bei verhältnismäßig hohem Konsum von grünen Smoothies auf. Sie äußern sich in Pickeln, Müdigkeit, Gereiztheit, Gliederschmerzen oder verstärkten Ausdünstungen. Wie stark diese Nebenwirkungen tatsächlich ausfallen, hängt wesentlich von Ihrer bisherigen Ernährung, Ihrem Lebensstil sowie Ihrer Lebensumgebung ab.
Haben Sie zum Beispiel bisher relativ häufig tierische Produkte, Fast Food, Süßigkeiten, Mehlspeisen und Fertigprodukte konsumiert? Rauchen Sie, trinken Sie regelmäßig Alkohol, nehmen Sie Drogen oder Medikamente? Wohnen Sie in der Stadt an einer viel befahrenen Straße oder tragen Sie viele Kosmetika und Pflegeprodukte auf die Haut auf?
Alle diese Faktoren spielen eine große Rolle, mit wie vielen unnatürlichen Stoffen beziehungsweise Giftstoffen Ihr Körper es täglich zu tun bekommt. Wenn Sie ihn damit jahrelang überlasten, werden diese nach und nach abgelagert, anstatt gleich wieder ausgeschieden zu werden. Sie können dann im Bindegewebe landen, an der Innenseite von Arterien oder auch an Gelenken.
Ernähren Sie sich nun plötzlich gesünder, zum Beispiel durch das Trinken von grünen Smoothies, so führen Sie dem Körper eine Reihe von Reinigungsstoffen zu. Ihr Körper wird unmittelbar mit Reinigungsprozessen beginnen.
Eine zu abrupte Steigerung der Zufuhr von diesen hilfreichen Reinigungsstoffen kann jedoch zu einer übermäßigen Freisetzung von Stoffwechselendprodukten oder Giftstoffen im Körper führen – Entgiftungserscheinungen sind die Folge. Schalten Sie dann unbedingt einen Gang zurück und unterstützen Sie die Entgiftungsvorgänge in Ihrem Körper mit meinen Tipps.

1. Wasser am Morgen

Während der Nacht schwitzt der Körper und Sie verlieren einiges an Flüssigkeit, im Durchschnitt circa einen halben Liter. Einen Teil davon leiten Sie über die Atemluft ab, aber ein Großteil findet den Weg über die Haut in die Schlafbekleidung und das Bett.

Eine ausreichende Flüssigkeitsaufnahme am Morgen ist wichtig für den Abtransport der Stoffwechselendprodukte. Trinken Sie daher gleich nach dem Zähneputzen ein Glas Wasser, am besten 0,3 bis 0,5 Liter. Mit einem Spritzer Zitronensaft bekommt das Wasser nicht nur einen Geschmack, sondern wirkt gleichzeitig belebend.

2. Reduktion der Smoothie-Menge

Je schneller und radikaler Sie Ihre Ernährung umstellen, desto stärker beginnt der Körper mit der Freisetzung von zusätzlichen Stoffwechselendprodukten und Toxinen. Haben Sie bisher 1 Liter getrunken – oder 0,5 Liter? Reduzieren Sie Ihre Ration auf die Hälfte und beobachten Sie, ob sich die Entgiftungserscheinungen dadurch abmildern.

3. Weniger essen

Sie heilen Ihren Körper nicht nur durch gesundes Essen, sondern auch dadurch, dass Sie weniger essen. Dabei reduzieren Sie die Neuzufuhr von Giftstoffen und die Neuproduktion von überflüssigen Stoffwechselendprodukten. Dies gibt Ihrem Körper Zeit zur Selbstregulation und Reinigung. Ihre Verdauungs- sowie Ausscheidungsorgane werden es Ihnen danken.

Eine einsteigerfreundliche Form der Nahrungsreduktion stellt das intermittierende Fasten dar. Dies ist eine Art Diät, bei der zwischen Fasten, also gar nichts oder kaum etwas essen, und der normalen Essensaufnahme abgewechselt wird. Den Rhythmus können Sie dabei selbst bestimmen.

Einfache Beispiele zum Einstieg:

- Fasten Sie täglich für 14 Stunden zwischen 18 Uhr abends und 8 Uhr morgens. In den übrigen 10 Stunden essen Sie lediglich drei Mahlzeiten.
- Fasten Sie einen Tag in der Woche, zum Beispiel am Sonntag.

Wussten Sie übrigens, dass Sie bereits jetzt fasten? Ja klar, während Sie schlafen! Daher stammt auch der englische Ausdruck »breakfast« für Frühstück. Wörtlich heißt das so viel wie »das Fasten brechen«.

Neben Entgiftungserscheinungen sind Verdauungsprobleme die am zweithäufigsten genannten Nebenwirkungen. Die Gründe können sehr vielfältig sein, darum möchte ich Sie bitten, etwas zu experimentieren. Hier habe ich für alle Tipps zusammengestellt, die in den letzten drei Jahren Challenge-Teilnehmern und Smoothie-Fans geholfen haben. Ich freue mich, wenn Sie mir schreiben, was bei Ihnen zu einer Verbesserung geführt hat.

Langsames und entspanntes Konsumieren

Die Verdauung funktioniert dann am besten, wenn Sie entspannt sind. Wenn Sie den grünen Smoothie hektisch und gestresst trinken, treten vermehrt Verdauungsprobleme auf. Setzen Sie sich daher an einen ruhigen Platz und atmen Sie zehnmal tief ein und aus, bevor Sie den grünen Smoothie konsumieren. Kauen Sie die ersten Schlucke regelrecht, um die Speichelsekretion anzuregen, und trinken Sie den Rest des Smoothies quasi in Zeitlupe innerhalb der nächsten 10 bis 30 Minuten. Wenn Sie damit Schwierigkeiten haben, empfehle ich Ihnen, den Smoothie mit Fruchtstücken aus einer Schüssel (Bowl) zu löffeln.

Mehr Infos dazu finden Sie im Kapitel »Schritt 6: Genuss und Gesundheitswirkung«.

Grüne Smoothies als eigene Mahlzeit

Konsumieren Sie den grünen Smoothie besser 20 bis 30 Minuten vor dem Essen oder 3 bis 4 Stunden nach einer protein- und fettreichen Mahlzeit.

Der Grund: Grüne Smoothies sind sehr leicht verdaulich. Protein- und fettreiche Lebensmittel verlängern die Verdauungszeit. Dabei beginnen Gärungsprozesse, die Blähungen und andere Verdauungsstörungen zur Folge haben.

Weniger ist mehr

Möglicherweise ist Ihr Verdauungsapparat nicht die Vielzahl an Ballaststoffen aus Früchten und Pflanzengrün gewohnt. Starten Sie daher mit kleinen Mengen, zum Beispiel mit 0,25 Litern.

Komplexe Rezepte vermeiden

Mixen Sie vor allem als Einsteiger nur Rezepte mit wenigen Zutaten. Eine bis maximal drei Obstzutaten, ein bis zwei Grünzutaten und reines Wasser – die überschaubare Zutatenliste erlaubt es Ihnen, schneller Rückschlüsse zu ziehen, ob Sie eventuell das ein oder andere nicht vertragen. Verzichten Sie in jedem Fall auf Superfoods, Pulver oder andere Nahrungsergänzungen.

Auf reife Früchte achten

Der Verzehr von unreifen Früchten kann ebenfalls die Verdauung negativ beeinflussen. Besorgen Sie sich reife, regionale Früchte von lokalen Bauern oder bestellen Sie tropische Früchte online bei Orkos, Passion4Fruit oder Tropenkost. Lernen Sie außerdem, wie man reife Früchte von unreifen Früchten unterscheidet.

Smoothies mit weniger Fruchtanteil

Reduzieren Sie testweise den Fruchtanteil, der bei Smoothies für Einsteiger meistens sehr hoch ist. Die große Menge an Fruchtzucker kann Ihr Verdauungssystem überfordern. Bei gezüchtetem Obst wurde der Fruchtzuckeranteil oftmals künstlich erhöht, damit die Früchte besser schmecken.
Probieren Sie Smoothies mit gewichtsmäßig ungefähr gleichen Anteilen an Pflanzengrün und Früchten, zum Beispiel 60 Gramm Kopfsalat, Babyspinat oder Feldsalat (etwa eine Handvoll) und 60 Gramm Banane (ungefähr eine halbe Banane).

Einzelne Früchte weglassen

Was Ihnen auch helfen kann, dem Übeltäter auf die Spur zu kommen, ist, einzelne Früchte für eine gewisse Zeit komplett wegzulassen. Verwenden Sie für eine Woche nur eine Fruchtzutat in Ihren Smoothies und wechseln Sie diese wöchentlich aus. Überprüfen Sie dabei, ob die Verdauungsprobleme nur bei gewissen Früchten auftreten.

Dickflüssige, warme Smoothies mit Gewürzen

Geben Sie weniger Wasser als angegeben hinzu. Bei einem Rezept für 0,5 Liter reduzieren Sie die Zugabe von Wasser auf 50 bis 100 Milliliter, bei einem Rezept für 1 Liter nehmen Sie nur 100 bis 200 Milliliter, sodass eine dickflüssigere Konsistenz entsteht. Lauwarmes Wasser und längeres Mixen führen dazu, dass sich der Smoothie leicht erwärmt, etwa auf 37 Grad Celsius, das heißt Körpertemperatur. Keine Angst, dabei gehen noch keinerlei Vitamine oder andere gesundheitsfördernde Stoffe verloren. Vielen Menschen bekommt der Smoothie bei dieser Temperatur besser, denn laut den östlichen Ernährungslehren schwächen zu viel Wasser und kalte Speisen das »Verdauungsfeuer«.
Wollen Sie den verdauungsfördernden Effekt weiter verstärken? Dann verwenden Sie Gewürze wie zum Beispiel Ingwer, Zimt, Chili, Kardamom oder Pfeffer.

Nachwort

Grüne Smoothies sind noch ein relativ junger Trend. Mit Victoria Boutenkos Erfindung wurde 2004 der Grundstein für eine neue Gesundheitswelle gelegt. Es gibt etliche Anhaltspunkte, dass grüne Smoothies einen enorm positiven Effekt auf die Gesundheit haben, aber im Moment existieren noch keine wissenschaftlichen Untersuchungen, die explizit auf grüne Smoothies ausgerichtet sind.

Ich versuche, in diesem Buch einen Mittelweg zwischen faktenorientierter Wissenschaft und unbewiesenen Behauptungen zu finden. Während ich dieses Buch verfasst habe, behielt ich stets folgende Fragen im Hinterkopf: Wie kann ich Ihnen die Grundkonzepte einfach und verständlich erklären? Wie kann ich Ihnen helfen, Behauptungen in den Medien besser zu beurteilen? Ich wollte nicht einfach alles nachplappern, was es sonst so zum Thema grüne Smoothies zu lesen gibt. Meine Anliegen sind eine differenzierte Betrachtung und ein hoher Praxisnutzen.

Ich beschäftige mich mittlerweile seit zehn Jahren mit dem Thema Ernährung und während der letzten dreieinhalb Jahre habe ich mich intensiv mit grünen Smoothies auseinandergesetzt, vor allem während meiner Ausbildung zum Ernährungstrainer, in meiner Diplomarbeit *Grüne Smoothies aus Sicht der östlichen Ernährungslehren* sowie beim Verfassen dieses Buches. Doch je mehr ich mich damit beschäftige, umso weniger habe ich das Gefühl, die Dinge tiefgreifend zu verstehen. Alles, was ich in diesem Buch zu Papier gebracht habe, war stets mit bestem Wissen und Gewissen und mit der Absicht, Ihr Leben positiv zu bereichern. Manchmal fühle ich mich jedoch wie ein ahnungsloser Jedi-Ritter aus *Krieg der Sterne*, zu dem Meister Yoda sagen würde: »Noch viel zu lernen du hast, junger Padawan!« Sehen Sie meine Ratschläge und Tipps daher stets als Inspiration für weitere Recherchen auf der Suche nach der Wahrheit – und probieren Sie alles aus, um herauszufinden, was für Sie am besten funktioniert.

Das Leben ist viel zu komplex, als dass wir es im Detail jemals ganz verstehen werden. Die Wissenschaft ist hilfreich in vielen Dingen und maßgeblich dafür verantwortlich, dass es uns so gut geht, allerdings ist sie auch nur immer eine Annäherung an die Wahrheit und nie die absolute Wahrheit. Behalten wir dabei im Hinterkopf, dass eine Studie nur die Daten einer Stichprobe auswertet und eine Momentaufnahme analysiert. Diese ist dann für den Ort, die Zeit, die Umstände und die Kultur gültig, weshalb andere Studien in der Zukunft vielleicht andere Ergebnisse liefern, Widersprüche aufwerfen oder alte Studien komplett widerlegen.

Am Ende des Tages bleibt uns nur übrig, alle Informationen als Inspiration anzusehen und am eigenen Leib zu testen. Kein Arzt, keine Studie und kein Ernährungsberater kann uns jemals 100-prozentig sichere Empfehlungen geben.

Wenn Sie einen Weg durch den Dschungel der Ernährungs- und Gesundheitswelt finden wollen, übernehmen Sie Eigenverantwortung, hinterfragen Sie die Dinge kritisch und seien Sie experimentierfreudig. Im Zweifelsfall orientieren Sie sich an den ältesten Ernährungs- und Gesundheitslehren, wie zum Beispiel am Ayurveda oder der traditionell chinesischen Medizin, die über viele Generationen entwickelt wurden. Sie enthalten mehr Weisheit, als ein Mensch in einem gesamten Leben intensiver Studie erlangen kann. Meiner persönlichen Meinung nach sind diese Lehren darum am glaubwürdigsten.

Einen wichtigen Punkt will ich noch ansprechen, der mir sehr am Herzen liegt: Grüne Smoothies sind kein Wundermittel. Ihr Bindegewebe wird nicht innerhalb kurzer Zeit straff sein, Ihre Krankheiten werden nicht in einer Woche heilen und Ihr Fett wird nicht über Nacht schmelzen, so wie es viele Diäten und Heilkuren versprechen.

Ihr aktueller Körper und Ihr gesundheitlicher Zustand gehen auf Ihre vergangenen Gewohnheiten zurück, die Sie über Jahre oder Jahrzehnte aufgebaut haben. Ein schlanker, athletischer, fitter und gesunder Körper entsteht durch die richtigen Gewohnheiten, Disziplin und Geduld! Grüne Smoothies sind der erste Schritt zu einem gesünderen, fitteren Leben mit einem größeren Wohlbefinden und, wie ich finde, die beste, natürlichste und hochwertigste »Nahrungsergänzung«.

Sie unterstützen Sie auf dem Weg zu gesünderen Ernährungsgewohnheiten! Zusätzlich empfehle ich Ihnen neben den grünen Smoothies auf Ihre gesamte Ernährung sowie Ihren Lebensstil zu achten. Ernähren Sie sich vorwiegend pflanzlich, kochen Sie so häufig wie möglich selbst, verwenden Sie hauptsächlich frische und biologische Zutaten, schlafen Sie ausreichend, lachen Sie viel mit Freunden, verbringen Sie Qualitätszeit mit Ihren Liebsten, vollbringen Sie regelmäßig etwas Gutes für andere Menschen, schaffen Sie einen Mehrwert für die Gesellschaft, bewegen Sie sich in der Natur, gönnen Sie sich Ruhephasen und betreiben Sie Sport als Ausgleich zum sitzenden Arbeitsleben. Dann bin ich mir zu 100 Prozent sicher, dass sich Ihr Leben in naher Zukunft stark transformieren wird.

Leserbonus

Ich möchte Ihnen als Leser dieses Buches ein paar exklusive Boni schenken, die Ihnen bei Ihrer Grüne-Smoothies-Challenge gewiss weiterhelfen werden, zum Beispiel anschauliche Videos zur Zubereitung und hübsche PDF-Dateien zum Ausdrucken und Aufhängen in der Küche.

Falls Sie Tipps oder Fragen haben, können Sie mich natürlich gern auch direkt unter *roman@gruene-smoothies.info* kontaktieren.

Hier finden Sie die genauen Infos: *www.gruene-smoothies.info/leserbonus/*

Danksagung

Ich möchte mich recht herzlich bei allen bedanken, die mich bei der Erstellung meines ersten Buches unterstützt haben. Zuallererst bei meinem Freund Till H. Groß, der mich im Juni 2014 dazu gedrängt hat, endlich mit dem Buch zu beginnen. Bei Adnan Pjanic für das enorm hilfreiche Feedback. Bei Petra Pot d'or, Felicitas Schielein und Simone Ehrfurt für ihre außerordentlich engagierte Hilfe beim Lektorieren und Korrekturlesen der Vorversion dieses Buches und bei allen Teilnehmern meiner 30-Tage-Challenges, die mir ihr wertvolles Feedback zur Verfügung gestellt haben. Vielen Dank, ohne euch wäre das nicht möglich gewesen!

Quellenangaben

1. Anhäuser, Marcus: »Genvergleich: Schimpansen sind auch nur Menschen«, unter: http://www.spiegel.de/wissenschaft/weltall/genvergleich-schimpansen-sind-auch-nur-menschen-a-249405.html (abgerufen am 25. September 2015)

2. KIGGS: Die Gesundheit von Kindern und Jugendlichen in Deutschland 2013. Robert Koch-Institut, Berlin 2014.

3. Berufsverband der Kinder- und Jugendärzte e. V.: »Übergewicht (Fettsucht/Adipositas)«, unter: http://www.kinderaerzte-im-netz.de/krankheiten/uebergewicht-fettsuchtadipositas/was-ist-uebergewicht/ (abgerufen am 25. September 2015)

4. D. Bates, J. Price: Impact of Fruit Smoothies on Adolescent Fruit Consumption at School. Health Educ Behav. 2015 Aug; 42 (4): 487–492.

5. Kampagne »5 am Tag e. V.«: »Genuss mit 5 am Tag«, unter: http://www.5amtag.de (abgerufen am 25. September 2015)

6. O. Oyebode, V. Gordon-Dseagu, A. Walker, J. S. Mindell: Fruit and vegetable consumption and all-cause, cancer and CVD mortality: analysis of Health Survey for England data. J Epidemiol Community Health. 2014; 68: 856–862.

7. Semler Dr. oec. troph., Edmund: »Sekundäre Pflanzenstoffe: Substanzen mit vielen Unbekannten«, unter: https://www.ugb.de/ernaehrungsplan-praevention/sekundaere-pflanzenstoffe-bioaktive-substanzen/ (abgerufen am 25. September 2015)

8. Quadrantenmodell nach Norbert Fuchs, unter: http://www.naehrstoff-akademie.com/de/angewandte-ernaehrungsmedizin/quadrantenmodell-nach-fuchs.php (abgerufen am 01. November 2015)

9. Nährstoffakademie Salzburg. Gesund durch ausreichend Vitamine, Mineralstoffe & Spurenelemente. 2. überarbeitete Auflage: Larissa Grünwald 2012: 10 f.

10. Ebd. 10 f.

11. Ebd. 10 f.

12. Ebd. 10 f.

13. Y. McLeay, M. J. Barnes, T. Mundel, S. M. Hurst, R. D. Hurst, S. R. Stannard: Effect of New Zealand blueberry consumption on recovery from eccentric exercise-induced muscle damage. J Int Soc Sports Nutr. 2012 Jul 11; 9(1): 19.

14. T. W. George, S. Waroonphan, C. Niwat, M. H. Gordon, J. A. Lovegrove: Effects of acute consumption of a fruit and vegetable purée-based drink on vasodilation and oxidative status. Br J Nutr. 2013 Apr 28; 109(8): 1442 ff.

15. T. George, C. Niwat, S. Waroonphan, M. H. Gordon, J. A. Lovegrove: Effects of chronic and acute consumption of fruit- and vegetable-puree-based drinks on vasodilation, risk factors for CVD and the response as a result of the eNOS G298T polymorphism. Proc Nutr Soc. 2009 May; 68(2): 148–161.

16. B. H. Collins, A. Horska, P. M. Hotten, C. Riddoch, A. R. Collins: Kiwifruit protects against oxidative DNA damage in human cells and in vitro. Nutr Cancer. 2001; 39(1): 148–153.

17. I. Edirisinghe, K. Banaszewski, J. Cappozzo, K. Sandhya, C. L .Ellis, R. Tadapaneni, C. T. Kappagoda, B. M. Burton-Freeman: Strawberry anthocyanin and its association with postprandial inflammation and insulin. Br J Nutr. 2011 Sep; 106(6): 913–922.

18. R. M. Schweiggert, D. Mezger, F. Schimpf, C. B. Steingass, R. Carle: Influence of chromoplast morphology on carotenoid bioaccessibility of carrot, mango, papaya, and tomato. Food Chem. 2012 Dec 15; 135(4): 2736 ff.

19. J. J. Castenmiller, C. J. van de Poll, C. E. West, I. A. Brouwer, C. M. Thomas, M. van Dusseldorp: Bioavailability of folate from processed spinach in humans. Effect of food matrix and interaction with carotenoids. Ann Nutr Metab. 2000; 44(4): 163–169.

20. Greger Dr., Michael: »Are Green Smoothies Good For You?«, unter: http://nutritionfacts. org/video/are-green-smoothies-good-for-you (abgerufen am 25. September 2015)

21. M. A. Peyron, A. Mishellany, A. Woda: Particle size distribution of food boluses after mastication of six natural foods. J Dent Res. 2004 Jul; 83(7): 578–582.

22. K. H. van het Hof, L. B. Tijburg, K. Pietrzik, J. A. Weststrate: Influence of feeding different vegetables on plasma levels of carotenoids, folate and vitamin C. Effect of disruption of the vegetable matrix. Br J Nutr. 1999 Sep; 82.

23. G. T. Rich, A. L. Bailey, R. M. Faulks, M. L. Parker, M. S. Wickham, A. Fillery-Travis: Solubilization of carotenoids from carrot juice and spinach in lipid phases: I. Modeling the gastric lumen. Lipids. 2003 Sep; 38(9): 933–945.

24. L. Lemmens, S. Van Buggenhout, A. M. Van Loey, M. E. Hendrickx: Particle size reduction leading to cell wall rupture is more important for the Đ-carotene bioaccessibility of raw compared to thermally processed carrots. J Agric Food Chem. 2010 Dec 22; 58(24): 12769 ff.

25. A. J. Edwards, C. H. Nguyen, C. S. You, J. E. Swanson, C. Emenhiser, R. S. Parker: Alpha- and beta-carotene from a commercial puree are more bioavailable to humans than from boiled-mashed carrots, as determined using an extrinsic stable isotope reference method. J Nutr. 2002 Feb; 132(2): 159–167.

26. E. Kennedy, P. Racsa, G. Dallal, A. H. Lichtenstein, J. Goldberg, P. Jacques, R. Hyatt: Alternative approaches to the calculation of nutrient density. Nutr Rev. 2008 Dec; 66(12): 703 ff.

27. Boutenko, Victoria: Grüne Smoothies (Hans-Nietsch-Verlag – 10., aktualisierte Auflage, April 2015), S. 29.

28. J. Di Noia: Defining powerhouse fruits and vegetables: a nutrient density approach. Prev Chronic Dis. 2014 Jun 5;11: E95.

29. SELFNutritionData, unter: http://nutritiondata.self.com/ (abgerufen am 29. September 2015).

30. Boutenko, Victoria: »Green 4 Life – Grüne Smoothies nach der Boutenko-Methode« (Hans-Nietsch-Verlag 2009).

31. Boutenko, Victoria: »Green 4 Life – Grüne Smoothies nach der Boutenko-Methode« (Hans-Nietsch-Verlag 2009).

32. Nährstoffakademie Salzburg. Gesund durch ausreichend Vitamine, Mineralstoffe & Spurenelemente. 2. überarbeitete Auflage: Larissa Grünwald 2012, S. 6.

33. G. B. Haber, K. W. Heaton, D. Murphy, L. F. Burroughs: Depletion and disruption of dietary fibre. Effects on satiety, plasma-glucose, and serum-insulin. Lancet. 1977 Oct 1; 2 (8040): 679–682.

34. ORF Online und Teletext GmbH: »Metastudie an der Uni Stanford«, unter: http://orf.at/stories/2138965/2138947/ (abgerufen am 25. September 2015).

35. Department für Evidenzbasierte Medizin und Klinische Epidemiologie: »Ist Bio gesünder?«, unter: http://www.medizin-transparent.at/ist-bio-gesunder (abgerufen am 25. September 2015).

36. Ökomonitoring Bericht 2014 Ergebnisse der Untersuchungen aus ökologischem Anbau. Ministerium für ländlichen Raum und Verbraucherschutz Baden-Württemberg.

37. Ulmer, Simone: »Babys nehmen am meisten Bisphenol A auf«, unter: http://www.ethlife.ethz.ch/archive_articles/100322_hormonaktive_stoffe_su/index (abgerufen am 27. September 2015)

38. Von Goetz, Natalie; Wormuth Matthias; Scheringer, Martin; Hungerbühler, Konrad: Bisphenol A: How the Most Relevant Exposure Sources Contribute to Total Consumer Exposure. Risk Analysis. Volume 30, Issue 3, pages 473–487, March 2010.

39. Ökotest April 2011, unter: http://www.oekotest.de/cgi/index.cgi?artnr=97417&bernr=07 (abgerufen am 1. November 2015)

40. C. de Graaf: Why liquid energy results in overconsumption. Proc Nutr Soc. 2011 May; 70(2): 162–70.

41. S. Ibrugger, M. Kristensen, M. S. Mikkelsen, A. Astrup: Flaxseed dietary fiber supplements for suppression of appetite and food intake. Appetite. 2012 Apr; 58(2): 490–5.

42. M. Kristensen, M. G. Jensen, J. Aarestrup, K. E. Petersen, L. Sondergaard, M. S. Mikkelsen, A. Astrup: Flaxseed dietary fibers lower cholesterol and increase fecal fat excretion, but magnitude of effect depend on food type. Nutr Metab (Lond). 2012 Feb 3;9: 8.

43. S. R. Gotlz, T. N. Sapper, M. L. Failla, W. W. Campbell, M. G. Ferruzzi: Carotenoid bioavailability from raw vegetables and a moderate amount of oil in human subjects is greatest when the majority of daily vegetables are consumed at one meal. Nutr Res. 2013 May; 33(5): 358–366.

44. RetailMeNot B.V.: »Neujahrsvorsätze 2015«, unter: http://www.deals.com/umfragen/neujahrsvorsaetze-ergebnisse (abgerufen am 25. September 2015).

45. Phillippa Lally, Cornelia H. M. van Jaarsveld, Henry W. W. Potts and Jane Wardle: How are habits formed: Modelling habit formation in the real world. European Journal of Social Psychology. Volume 40, Issue 6, pages 998–1009, October 2010.

46. Firnkranz, Roman: »Antworten vom Feedbackbogen der 30-Tage-grüne-Smoothies-Challenge im Februar 2015", unter: https://docs.google.com/forms/d/1ugx9GDAEFXdBkom6lOnfdWqM-Ukf6ApaByixwp5-Ep4/viewanalytics (abgerufen am 25. Februar 2016)

Bücher und weiterführende Infos

1. Grüne Smoothies

Grüne Smoothies, die supergesunde Mini-Mahlzeit aus dem Mixer
Dr. Med. Christian Guth, Burkhard Hikisch: GU 2014

Grüne Smoothies, lecker, gesund & schnell zubereitet
Victoria Boutenko: Hans-Nietsch-Verlag 2010

Green for Life: Grüne Smoothies nach der Boutenko-Methode (Aktualisierte Neuauflage)
Victoria Boutenko: Hans-Nietsch-Verlag 2014

The Green Smoothie Prescription – A Complete Guide to Total Health
Victoria Boutenko: HarperOne 2014

2. Smoothies & Säfte

Die besten Gemüse- und Kräuter-Smoothies
Siegrid Hirsch: Freya 2013

Frische Frucht- und Gemüsesäfte: Vitalstoffreiche Drinks für Fitness und Gesundheit
Dr. Norman W. Walker: Goldmann 1995

3. Wildkräuter

Wilde grüne Smoothies: 50 Wildkräuter – 50 Rezepte
Gabriele Leonie Bräutigam: Hans-Nietsch-Verlag 2015

Essbare Wildpflanzen: Ein Geschenk der Natur für ein GESUNDES LEBEN
Erwin Aichinger: Dipl.-Ing. Erwin Aichinger 2011

Essbare Wildpflanzen – 200 Arten bestimmen und verwenden
Steffen Guide Fleischhauer, Jürgen Guthmann, Roland Spiegelberger: AT Verlag 2007

Grün, wild und schmackhaft: Lebendige Nahrung gratis aus der Natur
Marie-Claude Paume: Hans-Nietsch-Verlag 2011

Wild & roh: Die besten Smoothies mit Wildpflanzen

Christine Volm: Ulmer Verlag 2015

4. Rohkost-Ernährung

Das große Rohkost-Buch: Grundlagen und Praxisanleitungen für eine erfolgreiche Ernährungsumstellung

Angelika Fischer: Windpferd 2012

Rohkost: Historische, therapeutische und theoretische Aspekte einer alternativen Ernährungsform

Dr. oec. troph. Edmund Semler: Dissertation, Institut für Ernährungswissenschaft der Justus-Liebig-Universität Gießen, 2006

5. Vegetarische/Vegane Ernährung

Vegetarische Ernährung

Claus Leitzmann, Markus Keller: UTB Stuttgart 2010

China Study: Die wissenschaftliche Begründung für eine vegane Ernährungsweise – Bio

T. Colin Campbell und Thomas M. Campbell: Verlag Systemische Medizin 2011

Vegan For Fit: Die Attila Hildmann 30-Tage-Challenge

Attila Hildmann: Becker Joest Volk 2012

Peace Food – Wie der Verzicht auf Fleisch und Milch Körper und Seele heilt

Rüdiger Dahlke: GU 2011

6. Ernährung allgemein

Die Heilung der Mitte: Die Kraft der Traditionellen Chinesischen Medizin

Dr. Georg Weidinger: Ennsthaler 2015

7. Gesundheit/Entgiften

Darm mit Charme: Alles über ein unterschätztes Organ

Giulia Enders: Ullstein 2014

Gesund durch ausreichend Vitamine, Mineralstoffe & Spurenelemente

Larissa Grünwald, Manuela Gappmayer: Nährstoffakademie Salzburg 2004

Natürlich und sanft entgiften

Margot Hellmiss: Südwest Verlag 2013

8. Wasser

Lebendes Wasser: Viktor Schauberger und das Geheimnis natürlicher Energie

Olof Alexanderson: Ennsthaler Auflage 2013

Sie sind nicht krank, Sie sind durstig! Heilung von innen mit Wasser und Salz

Dr. med. F. Batmanghelidj und Rotraud Oechsler: VAK 2014

9. Wissenschaftsliteratur

Der kleine Souci/Fachmann/Kraut. Lebensmitteltabelle für die Praxis

Gaby Andersen: Wissenschaftliche Verlagsgesellschaft Stuttgart 2011

Ernährungswissenschaftliche Umschau

Franke W.: Institut für Landschaftliche Botanik der Universität Bonn vom 28.6.1981

10. Psychologie/Motivation

Mini Habits: Smaller Habits, Bigger Results (English Edition)

Stephen Guise: CreateSpace Independent Publishing Platform 2013

The Motivation Hacker (English Edition)

Nick Winter: Nick Winter 2014

11. Internetadressen (Auswahl)

Grüne Smoothies

http://www.gruene-smoothies.info
http://gruenesmoothies.de
http://www.gruener-zaubertrank.de/
http://www.lebenswert-wien.at

Online-Shops – Mixer & Entsafter

http://www.perfektegesundheit.de (Entsafter)
http://gruenesmoothies.de (Hochleistungsmixer)

Wildkräuter

http://www.wilde-7.de/ (Wildkräuterversand)

http://www.kraeuter-und-duftpflanzen.de/ (1300 Sorten Kräuter und Duftpflanzen als Pflanzen und Saatgut)

http://www.herbalista.eu/ (Wildkräuterführung & Informationen)

Guerilla Gardening

http://gartenpiraten.net/

Kostenlose Früchte

http://mundraub.org/

http://frucht-fliege.blogspot.co.at/

Liste mit Bio-Bauern mit Ab-Hof-Verkauf

https://www.regionales-bayern.de/

http://biodukte.de/

http://www.hofladen-bauernladen.info/

http://www.demeter.at/tl_files/demeter/abHofVerkListe_1214.pdf (Demeter-Höfe in Österreich)

http://www.demeter.de/verbraucher/landwirtschaft/unsere-hoefe (Demeter-Höfe in Deutschland)

http://www.demeter.ch/suche/hoefesuchen.php (Demeter-Höfe in der Schweiz)

Bauern mit Community Supported Agriculture oder solidarischer Landwirtschaft

www.solidarische-landwirtschaft.org/de/solawis-finden/hoefeliste/

www.urgenci.net/

Regionale Lebensmitteleinkaufsgemeinschaften

http://foodcoops.at/ (Food-Coops in Österreich)

http://www.foodcoops.de/ (Food-Coops in Deutschland)

Deutschlandweite Biokisten

http://bringmirbio.de/

http://www.deinbiogarten.de/

http://www.biodirekt.de/

http://www.oekokiste.de/

Biokisten in Österreich

http://www.adamah.at
http://www.biomitter.at
http://www.biowichtl.at
http://www.bioschatzkistl.at
http://www.umweltberatung.at/biokistl-anbieterinnen-aus-oesterreich

Biokisten in der Schweiz

http://www.biobouquet.ch/
http://www.biopac.ch/
https://www.bio-direct.ch/
http://www.quer-beet.ch/

Superfood-Online-Shops

http://www.pureraw.de/
http://www.lifefood.de/
http://raw-living.de/

Tropenversandhäuser für frische, reife exotische Früchte

http://www.orkos.com
http://www.tropenkost.de/
http://www.passion4fruit.com/

Veranstaltungen

http://www.rohvolution.de
http://www.foodrevolutionday.com/

Über den Autor

Roman Firnkranz, geb. 1985, ist ausgebildeter Wirtschaftsingenieur, ehemaliger Betriebsprüfer für das Bundesministerium für Finanzen, Inhaber einer Werbeagentur und zertifizierter Ernährungstrainer. Von klein auf spielten Bewegung und Sport eine große Rolle in seinem Leben (er wurde zum Beispiel mit zwölf Jahren zu Österreichs bestem Jugendtorhüter gekürt), wodurch er im Laufe der Zeit auch ein starkes Interesse an Ernährung und Gesundheit entwickelte.

Seit seinem 20. Lebensjahr hat Roman auf der Suche nach der »perfekten Ernährung« viel ausprobiert. Angefangen bei bewusster Ernährung, eiweißreicher Ernährung für den optimalen Muskelaufbau, Low-Carb-Ernährung, um den Körperfettanteil zu reduzieren, sowie vegetarischer Ernährung, veganer Ernährung und Rohkost-Ernährung, um gesünder zu leben.

Im Juli 2012 stieß er auf der Rohvolution in Berlin erstmals auf das Thema grüne Smoothies. Im Zuge seiner Ausbildung zum Ernährungstrainer an der Vitalakademie 2012/2013 in Wien startete er am 1. Januar 2013 ein Selbstexperiment: »Jeden Tag einen grünen Smoothie für 30 Tage.« Dabei stellte er seine Erkenntnisse und Erfahrungen auf dem Blog www.gruene-smoothies.info zur Verfügung. Daraus entstand die Facebook-Fanseite Grüne Smoothies & Säfte, welche mittlerweile über 90 000 Fans hat (Stand Februar 2016) und sich zu einer der größten und aktivsten Grüne-Smoothies-Communitys im deutschsprachigen Raum gemausert hat.

Im Moment beschäftigt er sich Vollzeit mit dem Projekt »Grüne Smoothies & Säfte« und seiner Ernährungstrainer-Tätigkeit. Des Weiteren arbeitet er am Abschluss seiner Diplomarbeit, in der er sich kritisch mit dem Thema grüne Smoothies aus der Sicht der östlichen Ernährungslehren (Ayurveda und TCM) auseinandersetzt.

Auf der Website www.gruene-smoothies.info schreibt Roman Firnkranz über seine neuen Erkenntnisse aus seinem Grüne-Smoothies-Alltag und auf der Facebook-Seite Grüne Smoothies & Säfte stellt er täglich Tipps und Rezepte online.

Kontakt

E-Mail: roman@gruene-smoothies.info

Folgen Sie Grüne Smoothies & Säfte:
Website: http://www.gruene-smoothies.info

Facebook-Seite *Grüne Smoothies & Säfte*:
http://www.facebook.com/gruenesmoothiesinfo

Facebook-Gruppe »Grüne Smoothies Rezeptetausch«:
https://www.facebook.com/groups/1642616675954724/

YouTube: https://www.youtube.com/user/gruenesmoothiesinfo

Folgen Sie Roman Firnkranz:
Website: http://www.romanfirnkranz.at
Facebook: https://www.facebook.com/romanfirnkranz
Instagram: https://instagram.com/romanfirnkranz

Bildnachweis:

S. 6, 8, 11, 21, 36, 37, 58, 66, 74, 75, 79, 80, 81, 95, 96, 98–113, 121–126, 132: © Foodtastic / Eva Fischer; S. 23: Babyspinat: Elena Schweitzer/Shutterstock.com; Kopfsalat: Maceofoto/Shutterstock.com; Löwenzahn: UroshPetrovic/iStockphoto; Karottengrün: doram/iStockphoto; Lindenblätter: NeydtStock/Shutterstock.com; Grünkohl: Binh Thanh Bui/Shutterstock.com; Basilikum: Olga Miltsova/Shutterstock.com; S. 25: Apfel: Roman Samokhin/Shutterstock.com; Spinat: Dionisvera/Shutterstock.com; S. 26: Pastinake: kaiskynet/Shutterstock.com; Petersilie: Evgeny Karandaev/Shutterstock.com; S. 28: Michael Kraus/Shutterstock.com; S. 34: Aprilphoto/Shutterstock.com; S. 48: Babyspinat: Elena Schweitzer/Shutterstock.com; Romanasalat: Christian-Fischer/Shutterstock.com; Apfel: Roman Samokhin/Shutterstock.com; Bananen: Maks Narodenke/Shutterstock.com; S. 49: Kiwi: Palokha Tetiana/Shutterstock.com; Zitrone: Dionisvera/Shutterstock.com; S. 50: Anna Kucherova/Shutterstock.com; S. 51: Ingwer: Binh Thanh Bui/Shutterstock.com; Koriander: Mr. Suttipon Yakham/Shutterstock.com; S. 52: Scisetti Alfio/Shutterstock.com; S. 54: Sommai/Shutterstock.com; S. 67: saiko3p/Shutterstock.com